走出受傷的童年

別再等待父母認錯，主動停止世代循環的傷害

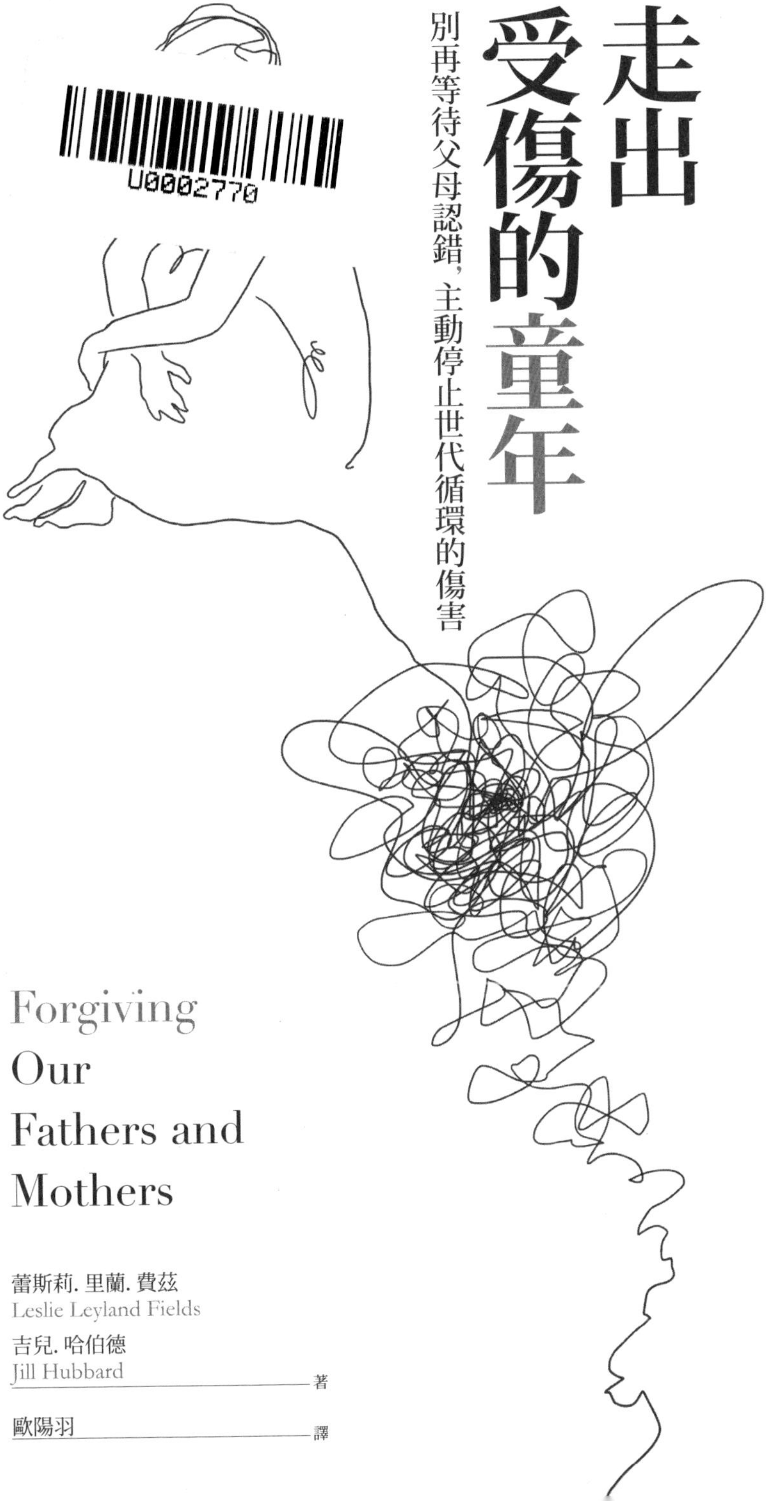

Forgiving Our Fathers and Mothers

蕾斯莉．里蘭．費茲
Leslie Leyland Fields
吉兒．哈伯德
Jill Hubbard
著

歐陽羽
譯

獻給所有渴望能自由自在地原諒的人，
也獻給我的兄弟姊妹們，
若是沒有他們，
我無法走完這條原諒之路。

目錄

各界讚譽

能夠在這千瘡百孔的世界中，看到一本令浸淫在心理諮商領域三十多年的我，這麼感動的書，真是感謝。

書中所敘說的無數親子之間被傷害以及傷害人的故事，彷彿連續劇裡上演的情節，不過這是真實的人生，是我的人生，也是你的人生。

作者之一的吉兒．哈伯德博士提到：就人性而言，我們是自身人性缺點的受害者兼加害人。當我們能夠從人性的觀點看見自己，而後以同樣的觀點去看別人，甚至是看我們的父母，我們就見證了彼此的生命，見證了自身的故事，也見證了我們在歷史上的定位和作用。

假象的原諒是表面上遵循法律文字的要求，大腦敷衍了事，而內心卻沒有產生連結或轉變。假象的原諒是強迫一個人應該、理當去原諒，倉促地掩飾童年的一切，就好像是說：「他們已經盡力而為了。」卻沒承認父母有容易犯錯的人性。

真正的原諒就是去了解——了解自己，了解父母，了解神。然後，我們可以牽著父母的手，一起回到心靈的家，回到永恆的家。

——葉貞屏，宇宙光關輔中心主任、台北市立大學心理諮商系專任副教授

蕾絲莉．里蘭．費茲和吉兒．哈伯德的《走出受傷的童年》是一本深深值得推薦的好書。蕾絲莉以自己親身的生命事件來敘述她如何走過家庭的糾結關係和傷痛，特別是她的父母。她的際遇撼動人心，她的努力和勇氣讓讀者受到鼓舞。最後，她終於得到了人生真正的自由。

吉兒的精闢解析和聖經的教導也值得令人回味。這本書結合了心理學和聖經故事的穿插和解釋，更是筆者長久以來的期待。原諒一直是人類社會共同的議題，特別是如何原諒原生家庭的親骨肉。作者也展示了如何克服失落和悲傷，並治療受傷的記憶，走出過去的喪慟和陰影。

這本書的另一特色，是在每章的後面都有與主題呼應的功課，讓讀者可以自我檢視，更是讀書會不可多得的資料。

——**戴俊男，台灣教牧心理研究院院長**

對於生命最初的孕育之地——原生家庭，往往不是單純的美好，而是令我們產生許多混亂失序、痛苦矛盾的感受，還有許多的傷心及怨恨。在我們非常年幼時，我們很難明白，為什麼我不被父母所愛？為什麼他們的愛我無法確實感受到？為什麼他們要做出讓我受傷痛苦的事？

然而，當我們一步步地理解當年的「真相」，當能夠了解「他」或「她」到底是怎麼一回事後，受傷的感受會因此緩解很多。我們若走到這一步時，那麼，我們與童年缺愛失依的傷痛，和解療癒的時刻，就不遠了。

這是本書要陪伴我們走往的方向，不僅在心理療傷，在靈性上，因為與神的連結、與愛的合一，我們終於擁有了原諒及和好的能力。

——**蘇絢慧，諮商心理師．悲傷療癒專家**

即使是發生過極端可怕的事，我從來沒見過不原諒父母而能真正茁壯的人。對我們的靈性而言，這個召喚非常艱困難行，卻又至關重要。

——**亨利．克勞德博士（Dr. Henry Cloud），領導專家、心理學家**

在「愛家協會」，我們聽到許多成年人的心聲。他們在童年時期遭到父母的虐待、忽視或拋棄，承受著痛苦和折磨，因而內心有著很深的情緒傷口。我了解那種痛苦，因為我自己也是過來人。任何人若是想用正面、療癒、榮耀上帝的方式來處理這種傷痛，本書是必讀之作。

——**吉米・戴利**（Jim Daly），**美國最權威的婚姻家庭輔導機構「愛家協會」主席**

這是一本充滿勇氣的書——傾聽他人生命故事，認識他們扭轉靈魂而原諒父母、跟父母和解的勇氣；正視痛苦和迷惘的勇氣；以既創痛又療癒的方式走過原諒之路的勇氣。在兩位作者蕾斯莉和吉兒的帶領之下，許多混亂而棘手的生命故事赤裸裸地呈現在我們眼前，於是我們了解到，神秘而痛苦的恩典可以把我們加以改造，那股改造的力量名為「原諒」。

——**史葛・麥克奈特**（Scot Mcknight），**北神學院教授**

我很喜歡吉兒的得獎之作《年輕女孩們的秘密》（*The Secrets Young Women Keep*），而本書更加出色。蕾斯莉的旅程有明確的目標，而吉兒以經驗豐富的洞察力，深刻地引導我們活出更高的召喚，兩者搭配完美。如果你質疑你跟父母之間未解的心結是否會影響到你的生命，那你就該好好閱讀這本書。

——**史提芬・亞特本**（Stephen Arterburn），**電台談話節目主持人、暢銷書作家**

如果母親或父親摧毀了我們一部分的靈魂，我們該怎麼辦？在本書中，蕾斯莉和吉兒為我們提供一個帶有非凡同情心，而且極其實用、穩固的解答。凡是渴求心理療癒和性靈重生的人，我強力推薦這本書。唯有透過原諒，療癒和重生才能開花結果。

——**寶拉・休斯頓**（Paula Huston），**心靈成長書作家**

許多父母忽視孩子、虐待孩子，留下痛苦的遺產給兒女。在本書中，蕾斯莉和吉兒面對這一點，提供了勇敢而誠實的描述，帶領讀者走上理解、原諒父母之路。全書充滿憐憫之情與說服力。即使父母養兒育女的方式帶有強大的殺傷力，為人子女者仍然可以找到原諒父母的寬容之心，活出自由自在的生命，這個承諾在書中得到了呼應。

本書替信仰的力量、救贖的可能性提供了佐證，為我們點亮希望：透過神的憐憫和愛，我們有能力去原諒；原本打上死結的關係，終將可以有所轉變。

——**詹姆士·費若（James L. Furrow），婚姻與家庭治療專家、福樂神學院婚姻與家庭系主任**

蕾斯莉原諒她父親的故事以及她所經歷的路途充滿了驚奇和啟發性！再加上每一章結尾有吉兒·哈伯德博士的臨床檢驗和評論，這真是一本適合每個人的書。無論對於父母、其他家人、朋友、工作同事、教會人員或鄰居，我們所有人都有要不要原諒對方的問題必須處理。這本書幫助你看清楚為什麼要原諒，以及該如何做到原諒。每個人都應該保有這本書。

——**賴瑞·松能伯格（Larry Sonnenburg），靈性成長機構「新生活部門」總裁**

在最重要的幾個發展階段當中，有個階段讓我們蛻變為完整的成年人，那就是在情感上脫離父母。如果不肯面對兒時的真實狀況，不肯原諒父母，那等於是繼續讓自己被束縛在情感的牽絆之中，讓我們成年後的天賦潛能被限制住了，而那個潛能是神安放在我們身上的；此外，也讓我們被原生家庭定型鑄模，永遠無法改變。

蕾斯莉·里蘭·費茲和吉兒·哈伯德博士兩人攜手合作，寫下這本引人入勝的書，幫助我們體認正面的衝擊，那就是面對現實，然後原諒那些傷害我們的人。如果你想要體驗更多情緒上的自由自在，想要覺得更像一個成年人，那就開始閱讀這本美妙的著作吧！

——**米蘭與凱・雅可維茨**（Milan & Kay Yerkovich），**身心靈顧問、親子關係專家**

這本書是很棒的二合一！你先閱讀蕾斯莉以原諒為題所寫的非凡故事，然後在哈伯德博士的洞察力和提問之下接受挑戰，把故事帶回自己家裡。有了這本書，你手上就握有重大的資源，可以去處理信仰的核心議題——原諒！

——**大衛・史都普**（David Stoop），**臨床心理學家、「家庭治療中心」創辦人**

專文推薦

人的盡頭，是神的起頭

鄭存琪

這是一本充滿震撼與感人故事的療癒書，作者以自我揭露與眾多寶貴案例的歷程分享，結合聖經故事的啟發、心理學家的說明，告訴我們如何以基督宗教的方法，引領人走過生命中可能是最困難的創傷——源自於父母的傷害。

當生命初到這個世界的前幾年，是內心建立信任感、安全感、感受到被愛、有歸屬感、內在尊嚴感、自我價值感、自我完整感的關鍵時期，這些心理基礎深深地影響著未來在自我認同、自我實現、乃至自我超越時的發展歷程。而這些重要的心理基礎，多是在生命早期與主要照顧者（如父母）之間的互動關係中逐漸建立起來的。

孩童時期，內心相對單純，自我結構尚在形成，也沒有足夠能力保護自己，父母就是他賴以生存的保護者、是他內心崇拜的對象、是他信任的「全能的神」。當他受到父母的重大或長期傷害（如性侵、家暴、忽略、不適當的對待）時，會無法清楚地分辨到底是誰的問題，內心感到懷疑與焦慮，常以否認、扭曲的心理防衛方式來解除疑惑，認為是自己的錯、不是父母的錯、是因為自己不值得被喜愛、沒有價值，才會有此遭遇。

等到較年長時，這些無法接受的情緒、想法與衝動，或被壓抑至無意識，形成陰影；或投射到外界，認為外界對他不友善、不安全；或認同、模仿父母的傷害行為來傷害自己或別人；甚至解離，暫時劇烈地改變性格、隔離受傷的感覺，來保護自己；以全好／全壞（過度理想化／過度貶抑）的方式看待自己與世界，造成情緒不穩定。由於內心複雜的衝突，讓當事人不易整合，自我相對脆弱、較易衝動與自我控制力不佳，因而影響他「與自己、與他人、與世界」的關係。

這些源於父母的早年創傷經驗，之所以很難跨越，是因為父母對每個人來說，是如此地重要，但是當事人與父母的關係卻太過於矛盾、衝突。當事人知道，我此世的生命是由父母帶來的，我的血緣與基因源自於他們，沒有他們的照顧、我無法存活至今，他們也有慈愛待我的時候，文化上也要我孝敬父母；但是他們對我內心的傷害卻是如此之深——想要親近，內心充滿憤怒；想要遠離，內心卻充滿虧欠；心中常有罪惡感與自責，難以面對真正的自己。常會自問：「別人的父母如此疼愛他們，為什麼我卻要遭受這樣的傷害與痛苦？」

想要在有限的「自我層次」回答上述問題、療癒源自於父母的創傷，是一件很困難的事，需要以「生命存在的整體性」作為視域，站在「靈性層次」這個更高的位置，才有能力與如此重大的傷痛共處，進而賦予它存在的意義，並從中得到穿越與超越的力量。

在本書中，作者說明了基督宗教如何協助當事人走過創傷，逐漸寬恕父母，並與之和好。在教義中，「神是唯一有能力超越罪與死亡的救贖者，神既有公義，能夠予以公正審判；又有慈愛，能夠給予真心懺罪的人救贖」，這些特質如同一對理想的父母，人得以重新被神養育，得到信任與安全感。而我與父母的糾結狀況也分開處理：我真誠地認罪悔改，神寬恕我；父母需要自己向神懺罪，神有祂的公義，但也將寬恕他們，這樣便解決了對父母的憤怒與不捨的矛盾情結。

「上帝派遣其獨子耶穌基督來到世間，經歷種種苦難，甚至被釘死於十字架上，仍為罪人們求情：父親啊！赦免他們，因為他們不知道自己在做什麼！」這不僅同理、安慰了當事人生命中的苦難經驗，也為「饒恕」做了一個示範。此外，教會神聖的場域、儀式性活動、教友們的支持陪伴，都是心靈轉化歷程中，非常重要的元素。

在上述的基礎上，當事人真誠地說出自己受苦的傷痛故事，並且有人（與神）傾聽，心中模糊的情感衝突被語言文字具體地表達出來，不僅有抒發情緒的效果，瞭解了自己情緒困擾的脈絡後，也會減輕自責的壓力，在將傷痛客體化的同時，與苦難記憶漸漸產生了距離感，糾結的感覺減少些。

即使如此，當事人心中仍常會疑惑：「為什麼我要無故地受到父母的傷害？」如果當事人願意，可以如作者一般，去探索父母從小到大的生命歷程，當認識了父母的成長脈絡，對於父母的傷害行為，會有一種基於人性的普遍性瞭解——人常有一些身不由己、無可奈何的苦痛——而對父母產生一種憐憫之愛。

但是，這並不是說就要原諒他們對我的傷害行為，這些傷害將由神的公義去審判，當事人需要做的是：為自己的傷害與失落哀悼。此外，需要注意的是，在療傷的過程中，要和父母有一個清楚、安全的心理界線，如果在溝通互動上容易感到不舒服，可以用「成年人對成年人」的方式相處：尊重他們是成年人，有父母自己的表達方式，而我也是成年人，我有選擇如何聽、如何做的權力。在神與教友的支持陪伴下，生命有了倚靠與安慰，心理復原力便會自然展開。而在這個療癒的歷程裡，「家庭悲劇的傳遞」可能就此打斷，不僅個人重生，家族亦得到重生。

最後要說明的是，由於當事人的自我力量不同，走在這條療癒的道路上，並沒有想像中的容易，不過，「考驗越大，得到的力量也越大」。看見書中的案例經歷了這麼多不可思議的苦痛，還能夠與苦痛共處，一步步地朝向生命整合前進，我內心十分感動與敬佩。他們也如同聖經人物一樣，寫下了屬於他們的傳奇，一代一代給予人們啟發與鼓勵。

（本文作者為台中慈濟醫院精神科主治醫師）

前言

打開受苦的心，走向自由

在沙漠中，我看見一個生物，是頭裸體野獸。牠蹲在地上，
手上拿著自己的心臟，吃了下去。

我問牠：「好吃嗎，朋友？」

「有點苦苦的，」他回答。「不過我喜歡，因為吃起來苦苦
的，也因為那是我的心臟。」

——拉飛奇（Rafiki），摘自「獅子王」

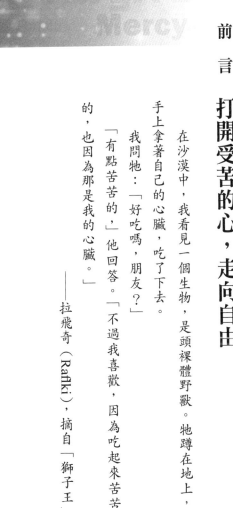

在那之前，我已經十年沒見過我父親了，手上也沒有任何他的照片。上一次見面時，他的臉是什麼模樣？我記不太得了。

我們租了一部休旅車，開到薩拉索塔（Sarasota）的住宅區。車子靠邊停時，我先生鄧肯先看到了他。

「他在那邊。」鄧肯側頭點了點，指出他的位置。

順著鄧肯的眼神，我緩緩移動視線，幾乎不想去看。有個男人站在房子的遮陽棚下面，就是他了。我看到他黝黑的皮膚和差不多禿光的頭，他的頭形是少見的方形頭，配上幾乎短得看不見的脖子。他還是我記憶中的樣子，只不過體型胖了些，跟上次見面時比起來，大約增加了四十磅吧！他穿著短褲，一件條紋衫，襯衫繃緊在他的肚皮上。

我盯著他看，身體突然僵住了。「我該怎麼做？」我思索著。接下來的場面要怎麼進展下去呢？親暱的女兒終於跟久違的老爸相逢？寶貝女兒帶著孩子來見外公的初次會面？憤怒的女兒等著沉默的老爸吐出幾個字？

車子停好了。我慢慢下了車，一手抱著最小的孩子，一手打開車門，讓其他孩子下來。孩子們推擠著，一個一個接連下了車，一共有五個小孩，就像好笑的卡通畫面般，從一輛小車子裡蹦出一條長長的人龍來。我爸爸站在那裡，視線越過孩子們，似乎對他們視而不見，彷彿他們在他的生命中一點也不重要——事實上的確是如此。當最後一個孩子跳出來，突然就輪到我上場了。我知道該怎麼做了。我把正在學步的孩子放下來，微笑著走上前去，然後抱住眼前的陌生人，用我的手指在他背上拍一拍，身體則跟他保持距離。

「嗨，妳好嗎？」他說話的口音帶著麻州腔。他微微笑了一下，露出嘴裡所剩無幾的牙齒，沒有一顆牙是完好的。

「我很好。我們差點找不到這個地方。」我回答他，帶著虛偽的開朗。我們可是花了兩天的時間才到達那個地方。

我們從阿拉斯加的科迪亞克（Kodiak）飛過來，等於是從美國西北邊的最角落飛到東南邊的最角落，從狂風暴雨的海洋地帶飛到整排棕櫚樹搖曳、人聲鼎沸的地方。

那是二〇〇六年三月的事，那時我們正在放春假。當時到底是出於什麼動力，我現在已經不記得了，總之，我決定到佛羅里達州走一趟。我們像往常出門度假一般，只不過那一趟旅程主要是為了探望我父親。那時他八十四歲了，我知道那是我的孩子唯一一次見外公的機會。

我從來沒跟孩子們談過我父親，他們對他一無所知，也不曾開口問起他。他對外孫也同樣一無所知。那時我已經結婚二十八年，當上母親也有十六年之久了，在那些年歲中，我早已從我先生和孩子們身上學到父親是什麼樣的角色，所以我想讓孩子們親自去認識我的爸爸是什麼人。總有一天，他們會在乎這件事的。

我事先警告年齡比較大的四個孩子，分別是九歲到十六歲，外公或許不會跟他們說話，甚至不會問他們叫什麼名字、幾歲了。他們聳聳肩，無所謂地接受了。我最擔心的是兩個最小的孩子，一個才一歲半，一個是三歲。他們以為全天下當祖父的人都跟家裡的爺爺一樣，是個要你坐在他們膝上，跟你玩捉迷藏、問你問題，把你抱在懷裡的老先生。所以，我沒跟他們說眼前的人就是他們的外公，我只說那是我爸爸，儘管這聽起來像是一個詭計。

最後，我們決定去海邊走一走。大伙兒全鑽進車裡，現在一共有九個人。依我爸爸的建議，我們開往薩拉索塔海灘（Sarasota Beach）。這一趟來探望我父親，我其實不知道該做些什麼，覺得這片海灘真是解救了我。白沙很亮、很刺眼，讓人睜不開眼睛。沙灘又寬又廣，而沙灘上、海水裡滿滿都是人。我跟我父親慢慢走上沙灘——他走路的模樣可真像個老人啊！我沒有伸手扶他。鄧肯和孩子們跑在前面，衝進水裡去了，而我左張右望，想尋找一小塊可以鋪布墊的地方。

找到之後，我把布墊攤平，彎腰坐了下去。「你能坐嗎？」我抬起頭來看著年邁的老爸爸，因為他還站在那兒，比我高。

「沒辦法，我的臀部有問題。」他的聲音不帶感情，純粹就事論事。他沒辦法放低身體坐在沙灘上，我沒料過這樣的狀況，不知道該怎麼做才好。

附近的一位男士聽到了我們的難處，跳出來把他自己的折疊椅拿給我們，我感受到一股突如其來的光明和溫暖——是的，仁慈之心。我架好椅子時，明白了這一點。等一下我要拿熱狗給我父親，然後是冰淇淋。我開始瞭解到，也許我可以對他抱以憐憫之情。當然，我能夠對這個老人心懷憐憫，也能夠假裝這就是我所有的悲傷，純粹只因他的年邁老弱而悲傷。

我們坐在那兒，在白色的沙灘上沐浴著白色的陽光，就只有他跟我。這是我最後的機會去認識他是誰，抓出一個縫隙、一丁點什麼，好引領我進入他凍結的寂靜世界。我詢問他戰場上的事，詢問他的父母，也問到他的童年——我所知道的，就只有這麼一點點了。他記得的事情不太多，回答得很簡短、籠統，說話的焦點會偏離。他的眼神總是很空洞，望著海洋。我打擾了他。他想要坐在陽光下看著海水，安安靜靜的就好，而我一直提出問題，嘗試把他說的隻字片語記在腦海裡，以便日後可以寫下來。可是，話才剛剛從他口中說出來，幾乎就立刻蒸發掉了。

兩個小時之後，我們打道回府，海邊的一天就這樣結束了。我沉默而嚴肅，我們花一大筆錢從老遠飛到這裡，難道就只為了這區區兩個小時嗎？他沒問我的孩子們叫什麼名字，也沒跟他們說話，只問年紀比較大的孩子說科迪亞克的天氣怎麼樣。這一趟來看他，我一定要做些什麼才覺得甘願，所以在他下車之前，我建議多停一站——冰淇淋店。我們排隊買了冰淇淋甜筒，然後在樹下一邊看著過往的車輛，一邊吃冰淇淋。

就在我們離開冰淇淋店之前，我跟鄧肯提出要拍一張照片。我想要記住這一刻，我願意來看父親的最後這一次。他坐在原木的野餐桌旁，微微露出得意的笑，看起來心滿意足。我站在他後方，打定主意不去整理臉上的表情，就讓它順其自然。我嘴角緊繃，嘴巴用力閉著，盡我所能地含住我能承受的空虛和念頭，以及我對自己、對父親的憤怒。**我怎麼能指望他什麼**？我的腦海千迴百轉。**我怎麼能原諒他過去那麼多年來所做的一切？怎麼能原諒此時此刻的他？**他對他的冰淇淋心滿意足，而他的女兒坐在他身邊，卻缺憾欲死——今天的冰淇淋真是可口啊，不是嗎？

我不願意再來到這裡，我下定決心了！情況總是一成不變，他對身為父親的角色一點興趣都沒有，對他的第三個女兒尤其不感興趣。我做完我該做的了，覺得如釋重負，終於可以關上那扇門。

為什麼要原諒？

四年之後，我唸誦著〈主禱文〉（天主經）[1]。那時我很清醒——我確信我是清醒的——在我讀到這些奇怪的字句時：「我們在天上的父，饒恕我們對你的虧負，如同我們饒恕了虧負我們的人。」（馬太／瑪竇福音 6:12）我停下來，眼睛瞪得大大的！這些字在說什麼？什麼「如同」？

有多少次，我嘴上說出這段禱文，耳朵卻根本沒聽進去？我對這段文字想表達的感到詫異，心想：「要我祈求神因為我原諒了別人而原諒我？那鐵定是個失誤，一定是聖經抄寫員的筆打滑而抄錯了，神對我的寬恕怎麼可能取決於我對他人的寬恕？」我不情願，可是我立即想到了我的父親，那個沒有血淚又麻煩礙事的人。

不只如此，我也常聽到這樣的誡條：「要孝敬父母。」（出埃及記／出谷紀 20:12）當我想到我那冷漠不仁的父親，覺得實在難以想通，**我要如何尊敬這個人**？對我而言，這是個沉重的難題，對我的兄弟姊妹們也是一樣。但我還不至於因為傷痛太深而失去理智，不明白有多少人也面臨了相同的難題。許許多多的為人子女者，無論他們是中年人、年輕人、青少年，同樣因為這個問題而受苦。「尊重你的父親」這個誡條適用於我們嗎？我感到懷疑。我們這群人被父親或母親傷害、欺騙、遺棄，甚至同時被雙親欺騙、遺棄。**如果他們確實不值得敬重，我們根本不必尊重他們，我們脫身了**！我也不在乎要

1 編注：本書中的聖經章名、人名及專有名詞，在每章首次出現時，會以基督教、天主教通用譯名對照的方式呈現，以便教友閱讀。

不要原諒我父親、原諒我童年時發生在房間裡、屋子裡的事。他偶爾在房間裡坐一坐，在屋子裡走一走——最後，他遠遠地走掉了。

突然之間，這類的事情一件件冒出來，全世界都在這個議題上談論不休。探望過我父親之後，我在回程的飛機上湊巧跟一位朋友坐在一起。她對我談起她的父親，說他罹患精神疾病，住在安置機構裡，還說在那之前他給她的生命帶來許多悲慘，當他過世時，她感到如釋重負。

「你現在怎麼能這麼平靜地談這些事？」我問她。

「我已經原諒他了。」她簡單地回答。

當我在孟菲斯（Memphis）帶領一個研討會時，幫我管理家務、做飯的女士告訴我她父親的事。她父親在她讀中學時棄家而去，跟別的女人同居在一起，沒有留下隻字片語。經過無消無息的十年之後，他想要回到她的生活中。「我不情願讓他回來，」她跟我說：「我知道我應該原諒他，但是我做不到！」

有個朋友在照顧他年老的母親。有一天，他跟我分享他的感受。「她是個酒鬼。」他口氣陰沉，「真的很困難。我知道我必須原諒他，但是我不知道要從哪裡做起。」

還有一次，我在一所基督教學院跟一位諮商師談話。「你不會相信現在的年輕人跟父母之間糾纏著多少問題。」她說：「在他們的生命中，這是他們第一次離開家，第一次真正回顧自己的家庭。大部分的人想要原諒父母，可是他們難以做到。「我在年紀很輕的時候就離開家了，」有個年輕人告訴我：「我再也沒辦法跟我媽媽住在一起，我甚至不想原諒她。」

有個網友寫道：「我可以跟你談談這件事嗎？——原諒我爸爸。這件事讓我好煎熬！」我有個名叫愛莉森的學生，在文章裡提到她酗酒的母親。「我相信對我們所有人而言，悲嘆就是共同的寫照。壞事接二連三，做母親的（和做父親的）都很失敗。但是我在想，是不是我在悲嘆的土壤中活得太久了，現在是不是已經到了該把這些故事用別種方式修補起來的時候？我不知道是不是到了該原諒的時候？我不知道該從哪裡做起。」

這樣的訊息到處都有，似乎令人無可迴避，每一種媒體形式——廣播、電子郵件、雜誌、網路文章——全都散播著有關原諒的訊息，比如：「當你抓著痛苦不放，你就被控制不了的情緒所籠罩。你必須放過你自己。」心理學家和心智健康專家的用語比較特殊，他們說：「直到你原諒了你的父母，你才算是長大成為一個完整的人。讓傷害和失望的循環到此為止吧！這個循環絆住了你，也讓你的孩子長期缺愛，長期被內心需求沒有滿足的父母所傷害。」牧師和神父說：「你必要寬恕別人，如同神寬恕了你。」電視脫口秀傳遞的訊息則是：「如果你真的想要過著幸福快樂的日子，就必須原諒那些曾經傷害你的人，這是通往自由和幸福的真理之道！」

醫療專家已經發現「原諒」對健康是有好處的。他們發現，人們發過脾氣、做過判斷之後，那些能放過冒犯者、不去計較的人，健康狀況比較良好，他們的血壓比較低，心跳速率比較慢，沮喪、焦慮、憤怒的程度也比一般人下降。

在政治領域中，過去三十年來，全世界的政府領袖都奉行寬恕之道，把寬恕視為治療人民分裂、國家崩解的最高希望。南非、北愛爾蘭、獅子山共和國、盧安達都曾經是流血衝突和暴力的溫床，而今，寬恕計畫讓種族團體和宗教團體可以解脫出來，跳離世代仇恨、冤冤相報的循環，因而改變了文化。

在美國，寬恕已經成為學院研究的正當領域，前景看好。一九九四年，教育心理學家羅伯．恩萊（Robert D. Enright）和威斯康辛大學麥迪遜分校的人類發展研究小組創立了「國際寬恕協會」（International Forgiveness Institute），他們抱持的信念是，寬恕能夠幫助那些經歷過虐待和暴力的人們。不僅如此，恩萊和他的同事把寬恕視為能讓敵對雙方重歸於好、和諧共處的強大力量。恩萊在北愛爾蘭採用一個劃分為二十個步驟的「寬恕模型」，幫助在宗派衝突中失去家人、生活陷入傷痛和仇恨的母親以及家族成員。

把時間拉近來說，從二〇〇一年開始，「史丹福寬恕計畫」（Stanford Forgiveness Project）致力於找出方法，以寬恕終止社會紛爭和家庭破裂。

在美國，我們對寬恕的迫切需求達到令人憂心的地步，尤其是在我們自己的家庭中，而這樣的需求只會不斷攀升。隨著美國家庭的演進，超過半數的孩子都是私生子，越來越多的孩子沒有父親，而且生活在貧窮線以下，這兩個因素都提高了兒童受虐和被忽視的機率，如今個案人數已經打破紀錄，而且還在持續增加中。二〇一二年，政府單位總共接到三百萬通電話，其中牽涉到六百萬名高風險兒童。在工業化國家中，美國的紀錄最差，那就是：每天有五名兒童死於虐待和忽視。然而，真正的數據可能還要更高一些。這些真是悲慘的統計數據，同時也警示著我們，套一句基督徒作家羅道尼・克萊普（Rodney Clapp）的話來說：「每天晚上，我們鎖上門，把自己跟最可能傷害我們的人關在同一個屋簷下。」[2]

以上所說的一切跟寬恕有什麼關連？顯然，在同一個國家中，我們的家庭內有太多事情需要被原諒。如果我們想要更加茁壯，如果我們的國家、社區要昌盛繁榮，如果我們的家庭要人丁興旺，我們就必須學習、實踐原諒之道，原諒那些對我們衝擊最大的人，也就是我們的父親、母親。大多數情況下，這不僅僅是指孕育、生下我們的父母而已。大部分人的生命中，都有一長串如父如母的人物：岳父母、公婆、繼父母、養父母、教父母，以及其他像母親、父親一般給我們指點的人。有些人把角色扮演得很成功，有些人則否，許多人反而把傷害加在我們身上。

2 Rodney Clapp, "The Sense in Which Love Is a Felony," audio clip.

當我開始傾聽、做筆記，即使原諒之道聽起來是如此必要、如此吸引人（可以帶來自由、幸福？更加健康？再也不被冒犯者的情緒所左右？），但是由於我的遲鈍和頑固，也由於我的生活過於忙碌，我很慢才漸漸開始抓住這個單純的信念：我必須原諒我父親。我知道，其他還有很多人也是我必須原諒的。當我下筆寫作時，他們突然一一現身在我的眼前——早已不在人世的某個男子、從前的牧師、很久以前的朋友——但我的注意力最先落在我父親身上。

那時候我就明白，對於所有的為人子女者而言，原諒都是必要之路。儘管我自己的這條路走來偶爾會感到孤獨，但我絕對不是孤伶伶的一個人落單而行，沿路上還有許多人跟我一起走著。很多人走在我前面，有些人走在我後面，還有一些人遲疑著，站在出發線前面，有如我自己多年前的翻版。然而，我們之中的多數人都相信，我們**應該**原諒父母。在這個信念更加堅定的時刻，我們**必須**原諒父母。

無可迴避的修復之旅

我知道，即使是在我動筆寫作的現在，挑戰仍然會降臨。為人父母者本來應該珍愛、撫育孩子，卻親手傷害了孩子。對於這些受苦的兒女而言，第一個疑問是：**為什麼**

應該要原諒父母？我所知道的好問題有數個，而這個問題正是其中之一。我也曾經問過自己這個問題，有時候是帶著憤怒而問，有時候則是打從心底不相信。看過前面敘述的故事之後，我們往往被迫提出疑問：明明那些父母是有罪的，**為什麼要容許他們脫罪**？明明他們應該遭到審判，應該承擔後果，**為什麼要放他們自由**？那就是原諒的意義嗎？我發現這個問題有好幾層解答——那些解答的意義很深遠，足以撼動我們的立足之地，也很可能影響到我們跟周遭所有人的關係。

疑問之處不是只有上面提到的幾點而已，我們還要問：

- 「我要怎麼孝敬根本不值得孝敬的父母？」
- 「我的父母已經不在人世了，我還能原諒他們嗎？」
- 「我實在不想跟我母親和解，原諒一定要和解嗎？」
- 「如果我應該要原諒，那麼，該如何原諒？」

這本書會探討以上所有的問題，不光是紙上說說而已，還會提出示範和講解。我會以我本身的故事和其他人的生命來提供「示範」，這些人包括馮妮、蓋兒、吉米、威廉，除此之外還有更多人，他們都是真實存在的人物，跟你一樣正在為了相同的問題而拼搏。我會盡可能在容許的情況之下，忠實地說出他們和我自己的故事。

本書的另一位作者吉兒．哈伯德博士是臨床心理學家、金質獎（Gold Medal Award）提名作家，也是廣播界和電視界的名人，並且在心智健康的領域上執業超過二十五年了。她將會提供「講解」的部分，在每一章的最後提出明確的運用和療癒功課，引導你走你自己的路。她跟我一起合作這個計畫，熱情是來自於她相信療癒的益處，也相信主觀的原諒歷程是有必要的。她曾經陪伴過無數個案走過原諒之路，她也把原諒奉為克服人生困境和個人原諒議題的生命態度。

我們兩人同樣是作家、編輯、研究人員、老師、諮商人員，也同樣是母親。我們會提出為數可觀的研究和訪談，但是讓我們能夠勝任這項工作的最大因素，在於我們兩人都是女兒——在原諒父母這方面，我們是有切身經歷的女兒。

走筆至此，我想到了一個疑問：我們真的需要再增加一本談論原諒的書嗎？我必須動筆寫下來——加上你正在閱讀這本書的事實——就是解答。這個主題沒有消逝，因為我們不斷拿從前的事情來傷害彼此，在最根本的人際關係中失敗、受盡折磨、心神不寧。而這個主題之所以沒有消逝，我懷疑有個深層的原因。我們對彼此的原諒，尤其是對父母的原諒（這是本書的範疇）究竟是什麼樣的性質？我很疑惑。

我可以先說我自己的原諒是什麼性質——它經常是非常短暫而表面的，視情緒和環境而定。我的動機很自私，其實我是為了自己好而原諒我父親，我知道這是很重要的一點。為了自己，我知道我必須這麼做，可是當我想進一步深思什麼是原諒時，大眾媒體和宗教媒體所傳播的訊息卻讓我很困擾。因為在這麼神聖崇高的領域——我們必須承認，在許多方面，原諒違反了人類的本性——他們卻勸告我們要聚焦在自己身上，要為了自己而去原諒別人，因為這樣我們才能解脫。他們勸我們去做小我的、私人的原諒，而不是為了比我們自身更遠大的目標，也就是從個人的生命出發，擴大到外在的世界。

這本書會從我們最傷痛的地方開始談起，然後一章接著一章，帶領我們逐步向上超越，超越到我們現在難以想像的自由之境，那樣的自由保證能治療世界本身的裂痕。

為了到達那個自由之境，我們要從一點也不單純的故事開始談起，這些故事的複雜度真實反映出當事人的生命。但是為了避免你翻開本書，卻因為虐待、絕望的駭人故事而打退堂鼓，讓我先再次向你保證，這本書既不是失能和絕望的目錄大全，也不想危言聳聽地談論最卑劣的虐童惡行，新聞報導已經充斥太多那一類的現實消息了。的確，這本書裡會有一些令人不忍心的故事——但同時也會有一些輕鬆的故事，並非所有的故事都牽涉到生死存亡、傷害和絕望。有時候讓我們哽咽的只是一個字、一個手勢、連續一整年沒有變化的罐頭晚餐，或是女孩們得穿去上學的男用雨鞋和衣服（我親愛的姊妹蘿莉和珍，還記得那雙男孩子氣的雨鞋嗎？我們每每因為那雙雨鞋而受盡了嘲笑）。原本只是小摩擦的尋常糾紛，最後卻演變成刺人的肉中釘，怎麼甩都甩不掉！雪倫記得，她母親幾乎每天晚上都給她吃綜合冷凍蔬菜。「直到今天，我都無法再吃那個東西。」她大笑著對我說：「你知道的，就是那種切成小丁的胡蘿蔔。」然而，我衷心希望，從這些日常或是特殊的故事裡面，你能找到持續向前走的動力，完成你自己無可迴避的旅程。

許多原因值得你開始走上這條路，包括：讓你的記憶歸於平靜，遺忘你曾經遭遇到的事；打開你堅硬的心，走向自由；善待原本不值得被善待的人，重新修復與某人的關係。無論你的動機是什麼，你就是那個要付諸行動的人，你不能再等待父親、母親為你去做這件事，你不應該再對他們心存指望而耽擱了時間。

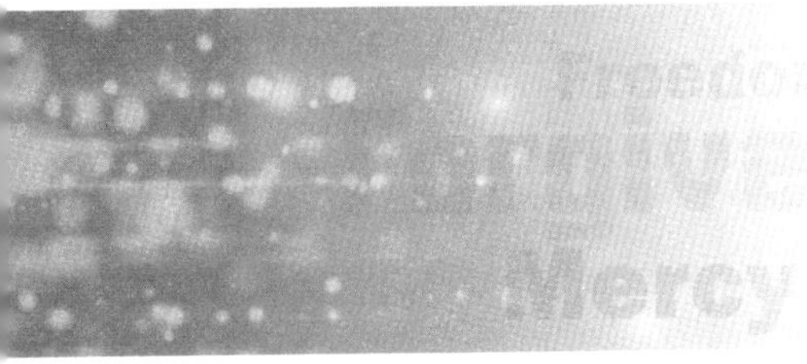

第一章

逃出自己的故事

哦！的確，從前的事令人心痛！但在我看來，你要不選擇逃避，不然就從中學習。

——拉飛奇（Rafiki），摘自「獅子王」

這天是我的大喜之日。我們剛剛結束秋季學期的最後一科期末考，兩天後的現在，鄧肯和我要結婚了。

我不是個美麗有如公主的新娘。我身上穿著從我的英文教授那兒借來的結婚禮服，十五年前的老款式了，而且不太合身。我知道我穿這件禮服看起來不怎麼美，可是它不花任何一毛錢，而且是我所仰慕的英文教授借給我的，我覺得很榮幸。至於化妝、髮型，我會自己來。

教堂是我朋友布置的，他到附近的樹林砍些新鮮的松枝，掛起來作為裝飾。我們的結婚預算是三百塊美金，我搞不清楚誰該為哪樣東西付錢、誰又該做什麼（我這輩子到目前為止，只參加過一次婚禮而已）。我剛滿二十歲不久，一想到我們的婚禮要是由父母來張羅，那可真是很丟臉，幸好我們雙方的母親都沒過問。鄧肯的父母和弟弟遠從阿拉斯加飛來俄亥俄州，蒞臨我和鄧肯做禮拜的這座小教堂，他奶奶從奧克拉荷瑪州過來，他的哥哥、嫂嫂則是從印第安那州過來。

教堂裡，我身邊坐著我母親和我最小的弟弟。婚禮的前兩天，他們從新罕布夏州一路開車到這兒。我爸爸那時在一間鞋廠上班——把皮革放到燙金機上烙出文字——這可是他頭一次按時去上班。他不會來參加婚禮。我另外兩個兄弟同樣要工作，抽不出時間。我的兩個姊妹有年幼的孩子要照顧，也沒辦法過來。就算只有兩個家人來參加，也已經很好了，我很感謝他們的到來。

婚禮音樂播放著，小教堂裡坐滿了人，大部分是常來教堂聚會的人，他們慷慨地擁抱我們。我有點恐懼，我正在做什麼呀？我覺得我彷彿是自己未來的締造者，這一點令我全身顫抖，也令我害怕。

我獨自走上婚禮的紅毯——這是理所當然的！親手把紅毯鋪在這裡，通向聖壇的人，不正是我自己嗎？我二十歲，獨力打理生活已經有好一段時間了，而現在，我不需要父親挽著我的手，牽我走過紅毯。這道蕾絲紅毯是一條跑道，通往我的未來。鄧肯和我將要住在阿拉斯加一座人煙罕至的小島上，我們要以捕魚為業，也會去旅行。我們要在五千英哩以外的地方攜手打造新生活，遠離那棟令人幽閉害怕的房子，遠離我成長的小鎮。這樣的距離絕對夠遠了，遠得讓我可以掙脫過去，重新成為我心所願的人。

逃離家庭

我姊姊蘿莉在十五歲那一年離家出走了。動筆寫這本書之前，我對事情的細節一直不清楚。她半夜逃家的次數很多，打開窗子，彎身鑽出去，跌落在地上，再摸黑跑兩英哩的路到朋友家，那是一棟位於偏僻地帶的簡陋房子。每一次她都發誓絕對不會再回家，可是隔天一早，她就自己走路回來了，我媽媽都還沒喊我們起床上學呢！

不過有一天晚上，這個模式結束了。她收拾了幾樣重要的東西，拎著袋子，在半夜離開了。她的男友當時才十七歲，他等在那兒，開足車子的馬力，把她接走了。她男友家有一輛舊拖車，停在一處沒人知道的林子裡，他們去到那座林子，蘿莉心中感到一股暈眩，同時交織著自由自在的感覺。家人在早上六點半起床時，她已經不在那兒了，事情會演變成怎麼樣呢？在那一刻，蘿莉一點兒也不在乎！

隔天一早，當我們看出她遠走高飛時，並沒有感到吃驚。蘿莉跟我們其他幾個兄弟姊妹不一樣，她內心陰鬱、情緒不穩定、畏首畏尾。我們住在比較鄉下的新罕布夏州，每當工作忙完之後，其他幾個人會盡可能跑出屋外，到樹林裡、池塘裡、屋後的山丘上，或是跑到馬路對面的田裡，度過長長的一天。我們沒幾個鄰居，朋友又沒辦法過來，只能彼此當對方的朋友和玩伴——但是蘿莉往往不願意加入我們。她避開我們，做些……我不清楚她究竟做些什麼，但她似乎不太逗留在我們身邊。

每當她現身時，一些麻煩就會跟著來。有一年，她不停地玩她的膝蓋骨，沒完沒了，直到有一回，她把膝蓋推得過頭而無法走路，這才罷休。有一次，我們六個小孩單獨在家，到了晚上，她從樓梯上跌下來，那時她是十二歲吧，我想。她躺在那兒，受傷了，我們不知道該怎麼辦才好。可是我們很清楚，假如這種事會發生在某人身上，那人非蘿莉莫屬。在我們兄弟姊妹之間，她像個陰暗的鬼魂。

有好幾個月的時間，我們不知道她人在何方，儘管警察一直在尋找她。我們不知道她為什麼要離家，只知道她一向都不開心。我希望她平安，可是不怎麼把她的事放在心上。世界上有什麼事值得在乎呢？我知道的不多，我只知道，她離家以後就自由了——我真為她感到高興（如今回首從前，我可以想像得到，對我母親而言，那是一件多麼椎心刺骨的事）。

幾個月之後的某一天，那輛拖車終於被找到了，但是蘿莉拒絕回家。三年之後，她滿十八歲了，她回到家裡，跟她的男朋友在地方法官作證之下，完成結婚儀式。

逃跑的方式可真多。

威廉在性情善變的凶惡母親身邊長大，他離家讀大學，結婚後只回家探望過幾次。

馮妮逃離家庭，投奔到男朋友的懷抱之中，才十九歲就嫁給男朋友了。

嵐荻試圖藉由厭食症和過度健身讓自己消失，她每天在路上、操場跑步，發洩心裡的怒氣。

黛娜讓自己為了孩子和新生活而勞碌不停，假裝每件事都沒有問題。

莉莎的爸爸在她讀中學時棄家而去，她拒絕跟他說話。

吉米一心一意追求成功，決定不論做什麼，都要成為佼佼者。

我們離家去上大學，走入婚姻，年紀輕輕就當上父母，就業賺錢。我們長大成人，離開父母的房子，往往太快離開，有時卻走得不夠快。我們並不總是明白自己在逃離背後的什麼——有時候，我們對自己的過去麻木到無動於衷，只想著衝向未來。當我們每個人不顧一切地忙著建立新生活、建立新認同，沉默幾乎總是如影隨形，這是第二層面的逃離：我們不願意傾聽、或是注意那些被我們拋在身後的東西，我們奪門而去，以為自己選擇的新家是遙遠而安全的，然而那個建築物卻很少能真正包容得了。

黛娜在購物或打掃房子時，心頭常常突然襲上一陣恐慌，在她自認為穩固而「正常」的生活中，這已經成了一件普通常見的事。

馮妮的婚姻毀了，以悲慘不堪的離婚收場，她開始酗酒，不斷換男朋友，甚至自殺了一次。

莉莎帶著她飽受壓抑的過去走入婚姻，對丈夫疑心重重。她的父親曾經對婚姻不忠，還遺棄了她，她知道她的丈夫早晚也會這樣。

早年生活的種種如同觸鬚怪物，一推一刺地探進來。與此同時，母親節和父親節每年都從日曆上蹦跳出來。顧客逐一讀著架上的每張卡片——所有詞句都訴說著愛和感謝，訴說父母總是在兒女身邊細心守護，訴說他們總是耐心傾聽，訴說多少年來他們總是為孩子著想——我們一張張讀過之後，又一張張放回原位，反而伸手去拿沒有印上文字的空白卡片，以便寫寫跟天氣有關的句子。那是怎麼一回事，我們不都心知肚明嗎？或許哪天有人會寫出一張比較貼近我們生活的卡片：「謝謝您，爸爸，因為……呃，因為您出了一份力而生下了我。」「媽媽，非常感謝您，因為……嗯，因為您給了我生命。」「爸爸，父親節快樂，謝謝您對我大聲咆哮的次數沒有從前那麼多。」

或者我們去看一部電影、一齣戲，其中有一幕是父親與孩子、或母親與孩子共享溫馨的時刻，讓我們看了鼻酸，也許哭泣起來。有一年，我去參加一個名為「祝福」的研討會，內容是兒女搬出去獨立生活時，父母把傳家寶交給孩子，給予孩子祝福和支持。有多少人曾經得到這樣的祝福？我跑到禮堂外面，啜泣起來。為什麼不是所有人全都跑出去？

這些回憶不全是痛苦的。我到一所基督教大學的校友會演講之後，被引領到一處內部的聖所，那是個櫻桃色系的餐室，專門為演講者和有力的奉獻者而安排的。我笨拙地坐下來，跟校長和教職人員共進午餐，餐會進行到一半時，校長轉過頭來問我：「令尊在哪裡高就？」

我滿懷詫異地看著他。那時候我三十六歲了，有丈夫和三個孩子。早在十九年前，我就離家了；而更早的十年前，我的父母離婚了。我跟我父親沒有聯絡，那麼，面對眼前的亞麻餐巾和滿桌的精緻佳餚，我應該如何回答這位光鮮體面、西裝革履的大學校長呢？我的腦筋迅速打轉，思索要如何回答，突然之間，我想通了——我明白他在問什麼了。我告訴他再平淡不過的事實：「他是個四處跑生意的人，但是他賣不出任何東西，所以他被解雇了許多次，現在他在一家工廠做事。他是個無神論者。」

校長眨眨眼，有半秒鐘的時間瞪大了眼睛，當他點了點頭時，臉上皮笑肉不笑的，然後就把頭轉回去了。在餐會的後半段，他幾乎沒再跟我說話。就這樣，我出局了，我被評價，而對方發現我的不足——只因為我的父親。

無論你的腳溜得多快，也無論你走得多遠，這樣的日子終究會到來。電話鈴聲在你步入中年的某日午後響起，然後所有事情起了轉變。有一天，馮妮的妹妹打電話給她說：「媽媽快不行了，她想見見妳。」當時馮妮正接送孩子到學校去。她要怎麼去看她母親？距離她上一次見到母親，已經過了二十年之久了——她心裡的恐懼仍然還在。她應該去一趟，她知道那是正確的事——可是，要怎麼去呢？

壓抑已久的回憶浮現在馮妮的心頭，她不禁顫抖起來。她開車去醫生的辦公室，走上台階，走向那扇窗。接待人員抬起頭來看她，就在兩人四目相交的瞬間，馮妮突然落下淚來。醫生聽了她的故事之後，幫她約了諮商師，訂好見面的時間。

跟諮商師談了幾天之後，馮妮意識到她仍然愛著母親，儘管要承認這一點實在很困難。她明白到一件事，或許她其實一直愛著母親，可是母親卻無法以愛回應她。「我愛她，這句話我說得出來，但是她沒辦法愛我。」她說：「當我體悟到這個事實，我肩膀上的重擔消失了，我覺得我終於可以控制住一些些。」跟諮商師緊急會面幾次之後不久，馮妮決定去看望母親。

當她的車子進入車道，她的手顫抖起來，她還是感到害怕。不多久，她踏進房間，小心翼翼看著床上的女人。她滿頭白髮，眼睛閉著，虛弱孱病，無法說話，無法移動身體，也無法自己進食。她的妹妹告訴她，母親已經是阿茲海默症的末期。這一時半刻之間，她還認不出任何人來。

馮妮坐在床沿，垂死的母親張開了眼睛，一開始是失焦的。她朝四周張望了一下，看到了大女兒馮妮，細聲對馮妮說：「我不應該對妳那麼刻薄。」說完便哭了起來。這是馮妮第一次轉頭回望，她的生命從此開始轉變。

我們全都逃跑了

我姊姊的一通電話同樣闖進我的生活中，那是我們全家去探望我父親兩、三年後的事。電話鈴聲響起時，我正在忙著一邊做晚飯，一邊監督孩子做功課，同時還要調解兩個兄弟的爭吵，並且在腦海裡構思一本書——我平時的生活，就是被這些事情佔滿。

「上星期爸爸從商店走路回去時，在人行道上跌倒了，他站不起來，救護車來把他接走，現在他出院了。醫生說他的心臟病或許有點發作，我是今天剛知道的。」

那時候我父親是八十五歲左右。這個消息來得多麼令人吃驚！他一輩子都在抽菸，而且他最愛吃的食物就是冰淇淋。所以更大的疑問是：他怎麼能活**這麼**久？不過，在那一瞬間，我看到他跌倒在人行道上，無助地躺著，身邊聚集了一些人，我有股肚子被刺穿的感覺。**那是我爸爸呀！**而且我很清楚，萬一他要是死了，我們會得不到消息，直到……直到多久？或許一個禮拜之後吧！他從來沒跟住宅區的任何人說他有子女。

「蘿莉，妳怎麼知道這件事的？」

「我今天跟爸爸講過電話了。」

我沉默了一陣，然後問：「妳現在會跟爸爸講電話？」

「是啊，我幾乎每個禮拜都打電話給他，已經有好一陣子了。」她的口氣裡帶著平靜和確定。

「他會跟你說話嗎？你們講些什麼？」我無法隱藏我的驚訝和不解，我無法相信在我們六個孩子之中，竟然是蘿莉打電話給他。

「會啊，他會跟我說話，我問他事情，他就回答。有時候，我會在電話裡跟他講四十五分鐘。」

我實在不敢置信。「那他都說些什麼？他以前從來不跟我們說話的。」

「我不知道耶，就是東聊西聊，想到什麼就講什麼。」

我沉默了一會兒，接著問：「蘿莉，妳為什麼做這件事？」

「我只是想，他需要有人關心他。」蘿莉說得很單純，不帶一絲評判。

那可真是個新想法，我難以相信。為什麼是蘿莉？當初她離家出走，就是因為父親的緣故。

逃跑的人不光是受害的孩子，我爸爸也是逃跑的一個。當他被雇用時，他是個東奔西跑的業務員，每天早晨穿上西裝，喝一杯即溶咖啡，然後出門。他整天開車，有時候一整個星期都在新英格蘭地區兜來轉去，自己付加油費，愛開多久就開多久，看到小咖啡館、冰淇淋店，就停車喝杯咖啡、吃冰淇淋，那在我們家是聞所未聞的奢侈作風，因為我們的經濟負擔不起。他夢想徹底說一聲再見，一個人去世界各地航海，逍遙過下半輩子。

當我父母終於離了婚，而我們全都離開了家門，他跑到佛羅里達去定居，住在一艘二十八英尺長的廢棄帆船上，跟家人相隔數千英哩之遠。他只回家團圓過一次，停留了兩個晚上，不過那是因為我哥哥開了兩千英哩的路去佛羅里達載他回家，然後隔天又原路載他回去佛羅里達。

我們全都逃跑了，從我們自己的人生故事逃掉，逃出我們的過去。然而，有時候我們也是在逃離自己的未來，那個未來我們無法想像，也不想要參與其中，創造一番什麼出來。我知道有個人曾經就是這樣，或許你也知道這號人物。他過著頗為正常的生活，和許多兩千八百年前的人一樣，有一份工作要做，有帳款要付，還有高堂父母要孝養。然後，神的話語降臨在他面前，我們就知道有好戲要上場了。

事情的確是這樣。世界一團混亂，不過還在可以掌控的範圍內——至少約拿（約納）是這麼想的。他自己的生活不怎麼樣，不過那是他的生活，他知道當事情變得棘手時，他可以去哪裡。他有老朋友，有時常出入的老地方，他也知道要到哪裡做禮拜，因為他可不是普通的凡夫俗子，而是一位先知，他有責任在身，那便是傳揚神的話語。如今，他被要求走出他熟悉、掌控得了的生活。

神這麼說：「你往尼尼微那大城去，公開斥責那裏的人，因為我注意到他們是多麼邪惡！」[1] 神對他搖響了鈴聲，祂完全有權利發號施令。

接下來發生的事情很多人都知道了，打從孩提時代，我就聽過這個故事。即使是沒上過主日學的人，或許也因為某種原因，早已聽過這個奇幻的故事。有個人逃離了神，被一尾大鯨魚吞進肚子裡，三天之後才被吐出來（我把故事的結尾說破了，有沒有掃了任何人的興呢？真是很對不起！）。那就是孩子們記得的——約拿，被吐出來的先知。對此時此刻的我們而言，約拿的故事呼應了我們自己的故事。他被召喚前往鄰國的一座邪惡大城，那些人是約拿和他同胞的仇敵，一來是生而注定，二來因為城民是暴虐殘忍的人。他們曾經對約拿的同胞行惡，甚至也曾對約拿本人行惡，他完全有理由怨恨他們，而今他卻必須去對他們講道。

向他們傳道是無所謂的，問題在於，他被命令去警告他們此後的命運——若是不悔悟，就會面臨覆滅。

「面臨覆滅？全面的毀滅？為什麼他們應該得到警告？」約拿必定曾經這樣想過。**為什麼要給他們悔悟的機會**？以色列被摧毀多少次了？而審判沒被制止又有多少次了？噢！更叫人難受的是，被強迫去對那些死有餘辜的敵人宣講「悔悟」，被逼迫去對那些缺乏憐憫之心的人付出憐憫。這是什麼樣的神！竟然絲毫沒有敵我之分，竟然不尊重單純、合宜的正義？

他實在難以忍受這一點，所以他逃跑了。他是我們芸芸眾生中的一個。是的，他逃到一艘往反方向航行的船上。我們不也是這樣嗎？我們從來不往該走的方向跑，反而逃往完全相反的方向。這很合理，完全在常人意料之中——直到我們想起了神，直到我們想起祂是誰，直到我們想起這是祂的世界，而不是我們的世界。然後，我們才明白，試

1〈約拿書〉一章二節。接下來關於約拿的故事，都同樣取自第一章。

圖逃離神是一件多麼荒唐的事！

話雖如此，我們卻一而再、再而三地逃走。這本書差一點就不存在了。當我相信我被召喚要寫這本書（不，不是來自天堂的聲音召喚了我，但也差不多了），我就逃掉了。有兩年的時間，我刻意忽視這件事，刻意讓自己忙於其他的每一件事。我轉身跑掉，把兩年的時光消磨在生活和回憶當中，處心積慮去逃脫——為什麼我要那麼做？為什麼在我們之中，必須有個人去把狀況扭轉回來？

我知道為什麼。我去一場研討會演講時，遇到了馮妮。研討會最後一個演講結束之後，她來到我的面前。馮妮的年紀跟我差不多，有著清澈、坦率的臉龐，長髮披肩。她跟我打招呼，身邊還有一位朋友陪著，那位朋友顯然是來幫她壯膽的。她要問我什麼，或是要告訴我什麼，為什麼需要有人幫她壯膽呢？

她說：「我兒子前不久寫信給我，跟我說他已經成為一個無神論者。我到現在不清楚那是怎麼一回事，不過這件事讓我意識到，我還沒把我的事情告訴他。」

我以微笑鼓勵她多說一些，了解做父母的都有事情瞞著孩子。

「他不知道我遭遇過什麼樣的事，也不知道神如何拯救了我。我意識到我必須把我的故事寫下來。您會建議我該怎麼做嗎？」

「噢，很好！」我心裡想著：「這很簡單。」我剛好知道有哪一本書值得推薦。我說出書名，她抄了下來。

她的朋友推推她的肩膀。「告訴她，把事情說出來。」

我當時很疲倦了，在那之前的兩天之中，我演講了好幾個場次，但是某樣東西正在催促我眼前的這位女士。我指指我們後方的椅子，走過去坐了下來。「我洗耳恭聽。」

她開始敘述，而我聽著。隨著她的故事逐漸攤在眼前，我變得蒼白起來，不想相信她告訴我的事情，也不想相信她的父母對他做過那樣的事。我多希望把她當成一個神智不清的人，胡亂扯出虐待的虛幻故事；我想要把她看成一個毒品受害者，必須仰賴別人的憐憫和關注，否則沒辦法產生身分認同或價值感。可是在她述說的時候，我知道她的話句句屬實，這一點從她和她朋友的臉上可以看得出來。

當她說完，我讓現場安靜一會兒，然後對她說：「妳是對的，馮妮。妳**必須**把妳的故事寫下來，不只是為了妳兒子，也是為了妳自己。這是妳能留給孩子的東西，儘管它是那麼醜陋不堪、駭人聽聞。」我之所以這麼說，其實是把美國作家派翠西亞·漢普（Patricia Hampl）的一句話改頭換面再說一次，那句話是我最愛引用的話語之一，提醒我們要對自己的過去負責，從「見證者的重擔」[2]之中，萃取出一些東西來。

她點點頭，早就知道這一點，而現在我也明白了。我一輩子都相信，語言的力量可

2 Patricia Hampl, *I Could Tell You Stories* (W. W. Norton).

以帶我們走向真相、走向自由。我們不都相信「真理會使你們得自由」[3]這句話嗎？我的專業生涯大半都在教導別人這麼做，我本人也是這樣做。我花了八年的時間，撰寫我一生的血淚回憶，涵蓋了過去和現在。就像別的回憶錄作者想要傳達的事情一樣，我告訴我的學生們，勇於面對自己心井裡的惡龍、巫婆，勇於走入心底的黑暗森林。

走出老故事

我之所以傳遞這樣的訊息給學生，是因為我希望他們寫出他們在乎的事，而不是寫些細枝末節、聊供娛樂的皮毛。不過這背後還有更深一層的原因，**當我們逃離自己的故事，同時也就逃離了自我**，這是極大的風險。記憶是我們形成自我認同的基石，記憶甚至也形塑出「靈魂的紋理」，這話是丹．艾藍德（Dan Allender）和丹恩．哈德森（Don Hudson）兩位博士說的。「遺忘是我們在日常基礎上所投注的賭注，這個賭注的酬金非常可怕。遺忘的代價是一成不變的重複生活、虛情假意的敘述方式、喪失自我。」這可真是高昂的代價啊——讓我們搞不清楚自己到底是何人。然而，真正的成本甚至有過之而無不及。在同一篇文章中，艾藍德提出了一個正確的建議，他認為每一個傷痛和災難，同時也是一次救贖的契機。當我們忽視過去、試圖壓抑過去，「我們便失去了一個機會，去體驗神對我們人生的不可思議的救贖。」[4]

得到救贖是可能的，這個想法會過於天真嗎？如果是讓人最不忍心的故事，情況又如何呢？是否會像童話故事裡的美夢成真，相信每個「好久好久以前的故事」都會以「永遠過著幸福快樂的日子」作為完結？即使是我自身的小小故事，我都曾經大大地懷疑過——那份不確定的感覺，讓我必須躲到遠處才能心安。

逃跑的種種理由都很合情合理——懷疑的理由也是一樣。我們逃出自己的故事，逃出在我們背後寫好的扉頁，也逃出我們無法事先預見、也許不是真心想要的結局。我們的父母能真正改變嗎？我們自己呢？要怎麼做才能從一顆頑石中擰出真愛——或者，更困難的是，要怎麼做才能從一顆頑石中擰出原諒，然後遞給不配被原諒的人？

如今你手裡捧著這本書，或許你的「逃跑」就此停住了，你已經有了足夠的勇氣，可以走出你的老故事，邁入另一個新故事，就像約拿一樣。約拿逃跑而去，然後故事變得更加「精彩」——也就是說，約拿這麼做的結果很悲慘。狂風暴雨在海上呼號，船身搖晃顛簸，白浪沖上晃蕩不停的甲板，直到約拿這個逃亡者被揪出來。

約拿畏畏縮縮躲了好幾個小時，等著神注意到他的藏身之處。但是當船上的人發現

3 〈約翰福音〉（若望福音）八章卅二節。

4 Dan Allender and Don Hudson, "Forgetting to Remember: How We Run From Our Stories," *Mars Hill Review* 8, 65.

了他，他生出勇氣，終於決定採取行動。如果他不採取行動，而且是立即正確地行動，許多人就會送死。

他做到了！他坦白承認，事情是他的錯，是他逃離了神。接著他催促水手把他扔到海裡，以便船上的人能夠保全性命。是的，或許他會死，可是如果他們不把他扔到狂怒的神面前，所有人全都會死。

我們在某處停下腳步。對一些人而言，拿起這本書或許就是第一步，他們第一次放慢腳步，慢得足以有時間思考——或許是時候了，沒有人可以逃跑一輩子。

我也停住了腳步，停在這兒，所以我父親開始回到我的生命中，或者應該說，是我回到他的生命中。我拖延了這麼久的真誠之旅——走上原諒之路——終於出發了。我並不想在我的生命中走這麼一趟特別的旅程，我很忙碌，我是個作家、編輯、演講者、六個孩子的母親，我也從事商業捕撈，我沒有多餘的心力和時間，耗在一個對我的生命一無是處、只帶來傷害的男人身上。但是現在我明白，若是我不傾聽、不在意這股拉著我前進的力量，我就會錯過神的心意的顯現，而且是最令人吃驚的顯現。

同樣的情況也等待著你。

吉兒博士的講解

我們的父母擁有最棒的機會，能夠跟我們建立第一份關係，為我們日後的所有其他關係鋪路。父母孕育我們、生下我們，帶我們回家，讓我們在恆溫箱一般的環境中長大成人。

在美國畫家諾曼．洛克威爾（Norman Rockwell）所描繪的理想世界中，我們看到關愛、鼓勵、健康的榜樣，這樣的榜樣對邁向成熟的旅程有著重要的影響。令人難過的是，在前面所敘述的故事中，我們聽到大不相同的情況。那些故事裡的父母遠遠不是慈父慈母，既沒有給孩子適量的照顧和關注，也沒有把孩子獨特且引人喜愛的本質、持久不變的個性，以溫馨的方式反映給孩子。

從那些父母身上的鏡子反映出來的，頂多是陰暗昏昧的一面，他們忽視孩子，遙不可及，難以親近，情感盲目。談到是否想要孩子、愛孩子時，這些父母或許會點頭表示肯定，但是他們深深陷在自己尚未處理、懸而未決的過去。他們只不過是缺乏適當的情感，難以擔當為人父母的角色。

父母的反映跟孩子自身的感受不一致時，孩子會怎麼想呢？如果這種情況一再重演，次數頻繁到變成家常便飯，孩子就會開始不斷懷疑自己，或是陷入困惑。父母自己受虐、悲慘、麻煩、失意的成長史，往往會過渡到孩子身上。很不幸地，我們之中有許多人一再做出傷害性最強的行為，而那些行為正是從父母身上模仿而來——除非我們承認這些行為，並且加以面對。

和我一起進行這本書的蕾斯莉有個難以親近的父親，無論她多麼努力，都無濟於事。蕾斯莉在父親身上感受到無邊的空虛，若是要她把這個痛苦的事實拋諸腦後，那根本是不可能的天方夜譚。幸好馮妮在貼心好友的鼓勵下，跟蕾斯莉建立起聯繫，而蕾斯莉也願意花時間傾聽馮妮的故事。三個女人一起坐下來，投注愛與能量，達成了真正的**聯繫、聆聽與理解**。馮妮、她的朋友、蕾斯莉，三人彼此扶持，讓對方不至於落入孤單，她們一起承擔難忍的經歷，並肩一步步朝向療癒和原諒的道路前進。全然被他人所理解，又全然得到他人的關愛，促成了深刻且延續長久的治療。

想想耶穌基督的典範。在〈約翰福音〉（若望福音）第四章，有個「井旁的撒馬利亞婦人」的故事，在這個故事中，一個猶太人，也就是耶穌，讓同行的夥伴大為震驚，因為他竟然跟這個婦人交談（按照當時的習慣與傳統，猶太人是非常鄙視撒馬利亞人的）。於是，在那一天的那一刻，婦人臣服於耶穌了。在他們交談之後，那婦人放下水罐，走到鎮上去，向大家說：「你們來看！有一個人把我生平所做一切的事都說了出來。」

這個婦人一生都在逃跑，隱瞞不正當的關係。當反映到我們身上的話語聽起來真實可靠、跟我們本人相符時，我們感覺到被理解、被看見了。耶穌尊重這個婦人是個活生生的人，跟她的行為是兩回事。當他親切地揭露她一生的作為，她感到足夠安心，願意吐露實情，終而能夠脫離隱瞞的生活，重見光明，獲得歡欣和治療。她的心靈得到釋放，勇敢奔向眾人，跟無數人建立新的關係。

父母的影響力之大，實在難以描述。即使事實擺在眼前，孩子還是經常會如此相信：**我的父母是對的，因為他們畢竟是我的父母，而且他們那麼偉大，我那麼渺小，所以一定是我錯了**。接下來，孩子會扭轉他們的感覺，以便呼應他們所聽到的、所看見的。當父母無法準確地反射、容納孩子的想法和感覺時，反射回來給孩子的訊息是：他或她是徹底孤單的人。孩子很可能對自己說這樣的話：**對媽媽來說，我是多餘的**。或是：**是我自己不夠重要，才不能得到爸爸的注意**。

就發展歷程而言，孩子是自我中心的。他們把別人的行為、反應，看成是自己惹來的後果，跟自己有關。想想這一點：「如果我需要你給我基本的照顧和食物，那麼你就是我生命的核心，因此我們兩人的生命是互相環繞在一起的。」

隨著年齡的增長，孩子逐漸認識到身體、空間、想法、影響力是兩兩分離的。我經常提醒我的案主，可以給自己一個時間，怎樣的時間都可以，去深入探究生命中的任何一年。傷痛被觸發時，我們往往是以年齡比較幼小的情緒面去做反應，而不是以實際年齡的情緒面去做反應。當我們把過去的點點滴滴跟現在的傷痛觸點串連起來，而後帶入平穩的關係中，我們才能開始把生命裡分崩離析的碎片拼湊起來。

當我們沒有把碎片拼湊好，就會拔腿而逃。

療癒功課

1. 你是否曾經覺得自己像約拿一樣，明明有該做的事，卻逃得遠遠的？你是否曾經因為家中的任何人，而有過逃跑的經驗？
2. 你是否覺察到你逃跑的方式是什麼（避而不見、忙碌、酗酒、暴飲暴食等等），尤其當情況牽涉到某些特定的家人時？你是否也像約拿一樣，被強烈的感情（憤怒、焦慮、害怕、沮喪）吞沒，以至於無法逃得足夠遙遠？
3. 你的逃跑方式效果好嗎？如果你沒逃跑，情況會是如何？舉一個例子說說看，你在追求生命的目標時，為了躲避從前的傷痛，或許你遇到了什麼樣的阻礙？
4. 你的「鯨魚肚子」看起來是什麼樣子？什麼樣的藉口或信念吞沒了你，使你無法面對事實和傷痛？

5. 在你讀這一章的時候，腦海中有沒有出現生命中哪些特定的情境呢？
6. 讀讀〈約翰福音〉四章一至卅節，關於「井旁的撒馬利亞婦人」那一段。在你的生命中，有沒有哪個人知道你所有的故事呢？或是只知道一部分？如果有這麼一個人，是誰呢？那個人依然存在於你的生活中嗎？如果不存在了，為什麼呢？
7. 當初是在什麼樣的情況下，你對那個人說出你的故事？
8. 是什麼樣的因素幫助了你，讓你決定能夠、也願意在另一個人面前暴露出脆弱的一面？
9. 你分享故事的對象是用什麼方式回應你？他回應你的方式跟傷害你的那些人相似嗎？或者不一樣？這個經驗證實了什麼嗎？或者只不過又是重蹈覆轍？
10. 在你分享自己的故事之後，你得到的感覺和想法是什麼呢？你可以把事情完完全全地說出來嗎？為什麼可以，或者，為什麼不可以？

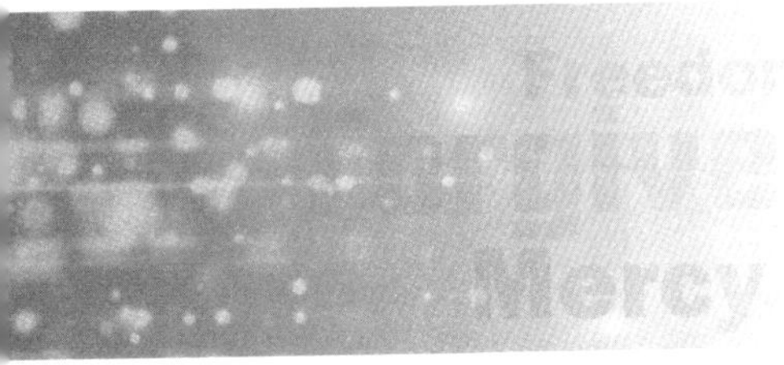

第二章

勇於承認：說出父母犯下的錯

為什麼神聖之處必定是黑暗之處？

——英國大文豪C.S. 路易斯（C.S. Lewis）

請原諒我，神父！因為我的父親有罪。

——本書作者蕾斯莉・里蘭・費茲

那一年，我父親八十八歲了，必須離開傑佛森照護中心。在那之前，他已經在那裡住滿十三年了。之後，他沒通過可以繼續住下去的審查，我沒怎麼驚訝。在更早的四年前，我曾經跟孩子們去探望他，他帶我們從大廳走到電梯，然後穿過走廊，進入他的房間。他慢慢轉動鑰匙，打開房門。「因為妳要來，我特地打掃了一番。」他一邊說，一邊做了個表情，接著揮動手臂，帶我們在房裡走一圈，到處看一看。

那是個窄盒子似的房間，到處堆放了舊報紙、成疊的雜誌，還有好幾個煙灰缸。一張床和一張長沙發幾乎佔掉地板的全部面積，每樣東西都髒髒的。房間裡沒有幾樣可看的東西，他給我看冰箱和冷凍庫裡的東西——大部分是電視廣告裡的便宜簡餐和冰淇淋。我哥哥說過，自從他跟我母親離婚後，每天晚上臨睡之前，一定要吃過冰淇淋才上床。早上喝咖啡，整天抽香菸，晚上吃冰淇淋，這就是他全部的生活需求。之前由於某個原因，他順利通過審查，多住了四年，我不清楚他是怎麼辦到的，如今，他只能住到安養之家去，房間會比現在的更小，也就是說，他的生活要開始走下坡了。

有一次我跟蘿莉通電話時，她把所有這些事情告訴了我。我們現在比較常聯絡，都是聊我爸爸的事。堵在我心裡的那道石灰牆，從哪個時候開始出現裂縫了呢？說不定是從某一次的電話聯絡開始的。有一天早上，我讀著聖經，其中一段文字讓我震驚萬分，我願意投入全部的生命來做到這個目標：「上主已經指示我們甚麼是善。他要求的是：

伸張正義，實行不變的愛，謙卑地跟我們的上帝同行。」（彌迦書／米該亞6:8）是的，我如此祈禱。讓我「伸張正義」，無論那究竟意味著什麼；讓我「實行不變的愛」，儘管我不確定我願意那樣做。而仁慈呢？是的，仁慈，好比在沙灘提供折疊椅給我父親的那位男士一樣，我可以做到這一點。還有，讓我在神面前低頭謙卑，去探望我的父親。

然而，結果會是如何呢？這次去探望，跟上一次會有任何不同嗎？上次探望的結果是令人心酸的，而上上次的呢？

我想著十四年前的那次探望，而在更早的十年之前，我只探望過他一次。那時他住在一艘帆船上，停泊在薩拉索塔一處名為「傑克船長」（Captain Jack）的船塢裡。他畢生的夢想，是到世界各地去航海。在我童年的大半時光中，有關帆船的書本和雜誌到處漂浮在我家的桌子上和書櫃裡。

我還記得我去船塢跟他見面的情景，那天的天氣是晴朗而潮濕的。我們走進一艘豆莢般的小船，小船幾乎承受不了兩個人的重量，船板離水面只有兩英吋，他站的那一側吃水更深。那時他的年紀是七十五歲左右，身體還很硬朗，划槳時嘴裡發出咿喔聲，神情專注，沒有說話。那艘船是二十八英尺長的双桅小帆船，有著白色的船身，不過已經髒污了。有限的船艙空間裡，放滿了雜誌和煙灰缸，壓得船身往下沉，船上幾乎找不到一處空間可以坐著或站著。

我有禮貌地想辦法說些小船的好話，那艘船是他當時所擁有的全部財產，承載著他的生命。他跟我母親離婚，賣掉房子之後，才有錢買下那艘船。他一輩子沒有收入，唯一的例外是最後十年，他在一家鞋廠做事，把皮革放到燙金機上烙出文字。那時他一星期儲蓄五塊錢美金，花在香菸和咖啡上，剩下的錢才交給我們。二十七年來，我們只看過他領取那筆薪水。房子賣了之後，他有足夠的錢買一艘小艇，落實心裡的夢想。後來我才知道，他根本無法開船出海。有一回他駕船出海，撞上別人的船，最後是海岸巡邏隊把他的船拖回港內。

那回去探望他時，我對他詳細觀察了一番。當時他已經獨居三年了，從家庭的牢籠掙脫出來之後，他變成了什麼樣的人呢？在船塢進進出出的人都認識他——他們是一群落腳在海濱地區的庸碌之徒，年齡大多是中年以上，披著長髮，身上有很多刺青，有些人缺了牙。這些人全住在破敗的船上，如同我父親的那艘小艇。對於我的出現，他們的驚訝之情明顯可見。「霍華德，她是什麼人？」他們用曖昧的語氣、斜睨的眼神問他，彷彿是說：「你這個老不休！」透露出他們自以為早就清楚他的為人，此時卻重新再評估一番。當然，沒有人知道他有子女，更別提知道他總共有六個子女了。

我們在船塢的咖啡店吃早餐時，女服務生喊他的名字打招呼，然後用毫不掩飾的吃驚口氣問相同的問題：「霍華德，她是什麼人？」每當有人跟他說話，我就端詳他的臉。

他會看著別人的眼睛嗎？我很想知道，別人跟他說話時，他會看著對方嗎？

每一次，他要不是看著遠處，就是匆匆看對方一眼，然後也看我一眼。他那迷惘的神情，我是再熟悉不過了。他連一次都沒說出我的名字。「這是我女兒，從阿拉斯加過來。」他回答時，臉上有一絲怪異表情，語氣有點挖苦，頭也輕輕地快速晃動。

他對我的生活知道得很少，這一點也經常呼應了他說話的語氣，彷彿那是一項挑戰，或是一則笑話似的。「妳現在有幾個孩子了？」有時他可能突然問我，語氣還是那副老樣子。或者問說：「所以妳現在還在捕撈嗎？我猜想。」「我猜妳現在還對神有信仰。」每次他開口，總像在說一件站不住腳的事，表現得違反人之常情，至於我的答案是什麼，從來就無關緊要。

我們去了水族館，那是我們兩人共同的興趣。我們都住在海上，在我家的八個人之中，就只有我們兩個人是如此，這是我們之間的關連嗎？在水族館，當我因為看到某個生物而輕聲叫出來，他會過來跟我一起看，不過很少開口說些什麼。午餐時，我們坐在外面吃一點東西，當時沒有其他人在場。我試著聊一些話題，但是無論怎麼努力，結果都是枉費心機，我對這次出遊的興致也逐漸消磨殆盡。我們坐的地方相距只有兩英尺，身體是如此靠近，為什麼心靈卻無比疏遠？那麼多年同為一家人，難道他什麼都記不得了嗎？對於我們曾經共同擁有的家，難道他沒有任何話可以說一說嗎？

三天之中，我努力找話題跟他聊，努力善待他。三天之後，我離開了，他一點改變也沒有。

父親的故事

後來，我在記憶中搜尋跟他有關的事。我記得在我九歲時，他站在屋子裡，穿著深色西裝、帽子、灰色大外套——每天他都穿上同樣的衣服，開車出門。他是個東奔西跑的業務員，跟他的父親一樣，但是他的工作從來都做不久，老是被解雇。看到他站在那裡，手裡拎著皮箱，我的喉嚨被掐住了——他要走了！他消失過無數次，然而在我的記憶中，那天是他第一次離去，我好傷心。他，我的父親，站在那裡，看起來令人同情。

有那麼一刻，我覺得我彷彿明白了，他和我是一樣的：我們兩人都被禁錮在無法逃脫的某種牢籠裡面，這個牢籠使我們變得虛弱、渺小，而那**並不是我們的錯**。我想我當時抱住了他，甚至可能哭了出來。

當我十二歲時，他帶著銀行裡僅存的一點點錢，開車一走了之，打算永遠不再回來——沒想到，有一天晚上我們找到了他，他的車停在一家廉價汽車旅館的停車場，跟我們家隔了兩個城鎮的距離。我們強迫他回家。

他一直跟他的父母同住，直到三十歲。他長得相當俊美，有著深色皮膚、黑色頭髮、完美的容貌、結實的身體。他跟我母親相遇在一個單車俱樂部，也就是「美國青年旅舍」。我不清楚他們認識了幾年之後才結婚，在他們的婚姻關係被地方法官宣告成立之後，他們拍攝了唯一的一張照片，照片裡他們站在幾個家人前面，而我父親的臉看起來是茫然的。

他曾經想要成為一名作家。從兩年制的商學院畢業之後，他留在學院擔任報紙編輯。根據評鑑結果，他屬於聰明的等級，智商很高。他把所有時間都花在閱讀上面，包括科學雜誌、船舶雜誌、報紙和古典小說，其中幾本書現在就收藏在我的個人圖書室裡，包括《黑暗之心》（*Heart of Darkness*）、《魔幻山》（*Magic Mountain*），以及一本查爾斯．狄更斯（Charles Dickens）的選集。我讀過他寫的短篇故事，那些故事有很長的時間藏在馬尼拉紙製成的文件夾裡，故事內容說不上好，可是句子很長，用字流暢。他愛好文字，跟我一樣。當我的第一本書印刷出來，我寄了一本給他，但他從來沒有回應過，當時我就發誓，絕對不再寄其他書去給他。

在沒有收入的情況下，我母親好不容易找到謀取生活物資的方法，我們家的職業變成是整修殖民時代遺留下來的房子。那些房子大多年久失修，但無論是什麼樣的房子，我們一住進去之後，就立刻動手整修。在我母親的帶領之下，每到週末我們就做苦力，放學後、暑假期間也是一樣。我們拆除牆壁，用砂紙把松木地板磨亮，把瀝青抹在倉庫的屋頂上，更換腐朽的窗台。我們家的房子只用一個柴爐取暖，撐過新罕布夏州一個又一個冬天，底層的房間多數時候是冰凍的。房子旁的水井到了夏天就乾涸，打不出水來，我們得走過長長的田野去提水，才能洗衣服。

每當整修好一棟房子，我們就嘗試把它賣掉，有時候要好幾年的時間才賣得出去，那樣的話，我們前一筆賣房子的存款就會花用一空。我父親會跟我們一起整修房子，他做粗活的部分，不過大部分時候是我們在勞動。在酷熱的夏天裡，我們用彎刀砍除壞掉的竹製圍欄，或是把屋齡不久的外牆乾漆刮除乾淨。辛苦忙完一天之後，如果我父親也在場，他是唯一會跟我母親要錢買冰淇淋的人。那可是讓我們目瞪口呆的奢侈品，我們會屏住呼吸，等候母親的裁定，如果我母親點頭同意了，我們就很高興有他在家。

我父親曾經參加戰爭，測驗成績相當高，可以去讀航海學校，但是他讀到不及格，被降級轉校。到了第二個學校，他又讀得不及格，在無處可去的情況下，只好加入步兵部隊，成為一名步兵。

要是有人問起他從軍的事，他會說一則發生在海外的故事。在德國的某處，他坐在一輛坦克車上面，而他的同袍則坐在草堆裡，那時他們在休息。突然之間，他意識到他必須立刻離開那部坦克車，便一躍而下。就在短短的幾秒之內，一枚迫擊砲爆炸，不偏不倚擊中坦克車的頂部，也就是他剛剛坐著的地方。「所以，要不是我及早跳下坦克車，你今天就不會在這裡了。」他總結說道，臉上沒有表情，嘴唇往下拉成一直線。

「你不認為是神救了你嗎？」我記得我這麼問他。

「大概吧！」他討好地聳了聳肩膀。

有一陣子，他是個信仰基督宗教的科學家，之後變成什麼都不是，接著又成為無神論者，對幽浮有一股特殊的狂熱。每個晴朗的夏夜，他會站在屋外的草地尋找幽浮，勘測頭頂上的漆黑蒼穹。我們年紀很小的時候，偶爾也會跟著他尋找幽浮。他曾經跟我們說他見到太空船的事，沉默了一下子之後，接著又說起火球射擊到他身上的事，地點就在新罕布夏州，我家後面的馬路上——那只不過是他的口頭經驗罷了！偶爾有那麼幾次，我的兄弟姊妹們談到他對神所抱持的一絲絲忠誠，可是我從來沒見過他對幽浮的信念有任何動搖。

除了有一回，那是二十年前的事了，當時我住在安克拉治（Anchorage）。一封筆跡潦草的信出現在我的信箱裡，那是他寫給我的第二封或第三封信。他在信中說，他讀完了整本《新約聖經》，現在他相信耶穌基督了。我該原諒他嗎？

收到那封信之後，我痛哭了兩天，因為我完全沒為這個救贖盡到一點點心力，我甚至不曾動念頭要為父親祈禱，而且我不確定我是不是能原諒他，我想到我自己置身事外，想到家裡的貧窮，想到從前的苦工，還有我們對他大發脾氣所引發的危機和衝突，也想到我們躲藏起來的夜晚……

我們密集通了很多次信，一年之後，他費了一番時間寫他的最後一封信，還把我寄給他的所有書籍裝箱打包。「親愛的蕾絲莉，再也不要喊我爸爸了。我把妳寄來的書全部退回去給妳，我的船上沒有地方放這些書。別再跟我談神或教堂的事，我寄了幾本雜誌給妳，妳應該讀一讀。」那些雜誌裡面全是太空船和外星人的照片。

如今，我把這些事情全寫下來，一方面是記憶，另一方面也是承認。這可不像是某些父親或母親的故事，聽起來並不可怕，或許這算是這本書裡面最輕鬆的故事。我無意用一個故事去衡量另一個故事，那一點都不重要，我們不是在比賽爭奪徽章。儘管如此，現在我還是寫下每個小插曲，因為這些事情是必須記在心裡的。

承認父母的罪過

詩人亞薩（阿撒夫）曾寫下這樣一段祈禱文：「求你不要因我們祖宗的罪懲罰我們。求你快快憐憫我們，因為我們已經喪失了一切希望。」（詩篇／聖詠 79:8）我思索著這段文字，也想著神的話語，以及祂對受困於荒野中的古希伯來人的警告：

殘存在敵人土地上的人將因自己和祖先的罪，跟祖先一樣消滅。但是，你們的後代將承認自己的罪過，也承認祖先的罪過……只要你們的後代知道謙卑，為自己的罪過和叛逆接受懲罰，我就會記起我與……所立的約，重新應許把土地賜給我的子民。1

「你們的後代將承認……」對於「承認」這個字眼，我有一些瞭解。這個字源自於希臘文 homolego，意思是「說相同的事情」。聖約翰（若望）向我們承諾：如果我們向神認罪，信實公義的神一定會「赦免我們的罪，洗淨我們所犯的各種過錯」（約翰一書 1:9）。當我們在神面前承認自己的罪，那意味著我們試圖說出自己所做的罪過，而且所說的內容正是跟神說的一樣。

當我們承認父輩和母輩的罪過，我們說出口的話就會跟我們的生命相吻合，也跟我們目前、甚至此時此刻的經歷相吻合。我們所說的話必須吻合世界的真實狀況，沒有偏頗，包括吻合以往的真實狀況和現在的真實狀況，而不是吻合我們的心願。我們並非總是願意這麼做。如果我們承認不是每件事情都很理想，就會覺得自己彷彿是花園裡的蛇。我們認為，如果宣告神的子民並非永遠快樂、勝利、振作，那等於是在敗壞神的名聲。我們不願意玷汙自己的名聲，不願意發出哀叫，不願意看起來不中用。

1〈利未記〉（肋未紀）廿六章卅九至四十二節。

然而，有許多人不怕坦白自己的心聲。我們認為理當最為振作的人，反而是最快哭喊出來的人。

「上主啊，你忘記我要到幾時？永久嗎？你不理睬我要到幾時？我還得忍受痛苦多久，讓悲愁日夜侵襲我？」這是大衛王（達味）在〈詩篇〉中的嘶聲呼喊，整整三分之一的〈詩篇〉都是以這般的坦誠哀慟作為開場。摩西（梅瑟）寫下〈詩篇〉第九十篇，其中的內容簡直令人坐立不安，直白地說出我們真實的經驗：「我們一生的年歲不過七十，健壯的可能到八十；但所得的只是勞苦愁煩；生命轉瞬即逝，我們都要成為過去……上主啊，求你憐恤你的僕人……求你使我們飽享你的慈愛……你使我們遭受多少年日的苦難，求你也使我們享受多少年日的喜樂。」

耶穌也使用「承認」的概念，希望我們承認、說出事實。在廣為人知的「山上寶訓」中，耶穌用「有福」來形容許多字眼，而這些字眼都和我們應該承認的人生經驗息息相關：「**虛心**的人有福了……**哀慟**的人有福了……**渴慕公義**的人有福了……**受逼迫**的人有福了。」（馬太／瑪竇福音 5:3-10）

這些字眼傳達出我們生命的真實情況。

承認，應該要**勇於承認**。我們也可以承認比較小的事情，並非所有承認都要涉及哀慟和忽視。

丹尼爾的父親下班回家之後，會拿起門前的報紙，一邊低頭看報紙，一邊走入丹尼爾的世界裡。丹尼爾會跑到父親面前，等待父親把視線從報紙上移開，給他一個擁抱。

蒂娜練完棒球之後，需要家人開車來接她回家。儘管那是一段腳程兩英哩半的路，可是她母親從來沒有接送過她。

布蘭登的父親為了工作必須經常在各地旅行，所以錯過了布蘭登大多數的演奏會和籃球比賽。

薛儂的母親忙著跟自己的體重奮戰，拒絕為家人做飯，因此薛儂得自己下廚，否則晚餐只能吃燕麥穀片。

接下來是一些比較沉重的事情。

珍妮的父親是個牧師，他高高站在成排的聽眾面前宣講聖經，珍妮卻坐在那裡瞪視他，心裡很清楚她父親只不過是個混蛋。他強迫前來教堂的人做各式各樣他鼓吹的事，在家裡的情況則更糟。他傲慢自大，不願意親近家人，尤其不願意親近兒女，珍妮從小就很怕他。珍妮被鄰居性侵時，她父親拒絕相信她，也沒有採取任何行動。

莫莉的母親過世後，她一方面哀慟，一方面跟兄弟爭奪母親留下來的遺產。有一天晚上，她毫無預警地崩潰了。她和她先生去見一個擔任諮商師的朋友，在那位朋友的幫助之下，她開始定期寫日記，坦承她小時候受到的惡劣對待。莫莉每天回憶她的母親和父親，動筆寫下來。她提到她覺得父親和母親都不想要她，當她待在父母身邊時，心裡總是感到失落，彷彿自己是個隱形人。她知道父親的狀況不好，有情緒方面的困擾。她父親會在公開場合對人發怒，對身邊的人則很健忘。

莫莉寫到父母的私事，寫到他們的憤怒、失能，甚至寫到她母親對她坦承過不恰當的事情。她寫到她知道自己不受疼愛，父母早就放棄了她，也寫到她心中積壓著憤怒，不肯原諒父母，對父母充滿了怨恨。

她每天寫日記，每天回憶，每天坦承。

對於這樣的事情我們不能再保持緘默了，應該鼓起勇氣說出來，因為耶穌的生命死而復活。杜克大學神學院（Duke Divinity School）的著名神學教授格雷戈里・瓊斯（Gregory Jones）有一本出色的著作《體現寬恕：神學分析》（*Embodying Forgiveness: A Theological Analysis*），他在書中提醒讀者，我們所呼求的，並非一個沒有經過檢驗的救世主。「如果基督徒宣稱他們敬拜的不是沒被釘死在十字架上的基督，而是被釘死之後復活的基督，那麼，我們所有人就應該明白，過去可以在希望中重生——即使我們要花上一輩子的時間，才能學好這件事。」2

過去**可以**在希望中重生……

馮妮允諾要為兒子寫下她的故事——之前曾經提到一場研討會，在研討會的隔天晚上，她跟我說了故事的一小部分，後來在電話中又說得更加詳盡。在我聽過的童年故事之中，馮妮所說的事情是令人最揪心的故事之一。要把那些故事放進本書是很艱難的，不過我還是這麼做了，因為那是曾經發生過的事，也因為我認識她，更因為那只是故事的開頭，而不是結尾。故事的後來發展出許多下文，不過一開始她是這麼承認的：

> 我們住在樹林裡，我父親經常離家，不過每當他回到家裡，我都很害怕。我整天都在計畫如何躲開他。如果他待在屋子裡，我就去外面；吃晚餐時，我會試著不坐在他旁邊；如果他要出門，我就試著待在家裡。在我的記憶中，我的名字從來沒有被他叫出口，他總是叫我「服務生」或是「啞子」。
>
> 如果他的咖啡杯空了，他就吼聲如雷，接著我們小孩子全都會陷入危險，但事情似乎最常發生在我身上，因為我是年紀最大的孩子。一開始他會大吼大叫，接著是解下皮帶，然後把皮帶折半、捏斷，發出劈啪作響的聲音，再來就是走到我們後面。我們從來不敢逃跑一步，以免下場更慘。假如我的弟弟妹妹們衣服沒穿好，他就朝我走過來。他做過最壞的事情之一，就是剝掉我的衣服。有一次，在我十歲的時候，我妹妹剛學走路不久，穿著尿布到處跑，結果尿布掉了。他走到我後面，為了我妹妹的事處罰我，把我

2 L. Gregory Jones, *Embodying Forgiveness: A Theological Analysis* (Grand Rapids: Wm. B. Eerdmans, 1995), 299.

腰部以下的衣服剝光。那天他有幾個朋友在我家，他逼我光著身子幫他們倒飲料。他真是把快樂建築在我的悲慘上。

他會一把抓起我，把我帶進他房間裡，到現在我仍然不記得發生了什麼事情，只記得自己走出那扇門。幾年前，我被診斷為「解離性身分障礙」(disassociative identity disorder)，因為即使我成年之後，還是斷斷續續一直出現狀況。我去接受諮商治療，時間長達很多年。

在我十二歲的時候，我母親要我去殺了他。如果她自己動手殺他，就得去坐牢，但如果是我殺了他，由於我是小孩，不會被抓去坐牢。她對我和我妹妹說這件事，還給我們看一把槍，一把已經上膛的槍。假如我們等到三更半夜，就可以溜進房間，摸到他身邊去射殺他。

我們家有很多折磨人的事。

說出來，然後面對

我們逃開所有這一類的事，在逃的過程中，有時把生活搞得一團糟。現在我們放慢腳步，停下來，鼓起勇氣轉身、回想，不是因為我們只想到自己，也不是因為我們像受虐狂或毒品受害者，而是因為我們對這個世界還沒有放棄正義和公理的希望。我們知道，當父母的人應該表現得像是人父、人母，做父母份內該做的事。即使整個世界似乎扭曲了正當、純真和美善，我們也要挺身抵抗。對於發生在我們身上的罪，我們應該說出和神相同的話，憎惡錯誤，承認錯誤。如今，我們記住所有曾經發生過的事，原因在於，除非我們承認錯誤，否則便無法知道什麼才是對的。

除此之外，我們還要承認自己的夢想被打碎了。我們想要過著幸福的生活，而幸福到哪兒去了？生命、自由、追求幸福——這是美國的基因密碼——並沒有被傳遞到我們身上。如果我們身為基督徒，在教會中被撫養長大，那麼，我們對幸福的家庭生活甚至會抱有更高的期待。

關於承認錯誤，我還沒說完。數年前，我、蘿莉和另一個姊姊珍，在南卡羅來納州共處五天的時光，三個人住在一戶出租公寓裡。有一天晚上，蘿莉和我聊到半夜，話題轉到我爸爸身上。要說的話很多，可是時間很短暫，蘿莉立刻切入正題。

「爸爸以前常常進入我的房間。」她告訴我。

我瞪著她看。她坐在角落裡，表情很安定。在我認識的五十三歲女子之中，她是最漂亮的女子之一。我突然啞口無言，胃部沉重，我覺得我的臉發燙，氣得漲紅。

「什麼？妳說的是什麼意思？他進去幾次？」我動彈不得，無法呼吸。

「隨便什麼時候，只要他想。有好幾年都是這樣，那就是我在晚上逃家的原因。」

「妳說什麼？」

一陣沉默。

「**妳說什麼？**」除了這一句，我不曉得還可以說些什麼。我覺得自己是世界上最愚笨的人，從前怎麼都沒想到這一點？

「妳怎麼不告訴我？」這下子我對她生氣了，氣她那麼多年沒說出來。事情都過了那麼多年，我竟然到現在才知道，我父親性侵我姊姊，而且長達她童年的大半時光？

「蘿莉，妳怎麼不告訴我？」

「妳能幫上什麼忙，蕾斯莉？妳根本幫不了任何忙。」

我真是又生氣又痛心！「我不知道可以幫上什麼忙，可是我絕對不允許他這樣做，我一定會叫他住手，一定會！」

我回想我十歲、十二歲的樣子，我的決心幫我度過生命中的許多難關，我肯定我可以阻止他，那時我很強壯，每天做伏地挺身和仰臥起坐。我會跟他打架，用球棍打他，或是用任何方式修理他。我想像我跟這個敵人搏鬥，他很壯，肌肉結實。當我們不聽話時，他用皮帶狠狠抽打我們，可是他傷害不了我，我一點也不怕他。即使在我跟我姊姊說話的當下，我覺得我可以回溯時光四十年，停止那場性侵，憑藉我又長又壯的手臂，也憑藉出於純真和保護我姊姊的怒火。

我姊姊，我美麗的姊姊，她的生活一直那麼辛苦，到現在我才知道是什麼原因。我終於明白為什麼了。

我們坐了幾分鐘，蘿莉很平靜。最後，我問了我不想知道，卻又必須知道的問題，我不能讓事情就這樣不了了之。**她必須說出來，我必須聽她說，事情不能隱瞞著**，我心裡這樣想。

「他對妳做了什麼，蘿莉？」

她告訴了我，我沒有哭，但我很有哭出來的理由。那不是最糟的情況——卻是醜陋、噁心的。我意識到事情是發生在她身上，而不是在我身上，也不是在其他姊妹身上，我立刻明白這件事是千真萬確的。

「他也試著跟我做，妳知道的。」

「嗯，我想我知道妳的意思。他做了什麼？」

我把話說出口。

蘿莉平靜地點點頭。

我們安安靜靜地坐了幾分鐘。我不記得以前曾經談過這件事，但是這幾年來，我們必定談過，這不是什麼新鮮事，不過這仍然是「承認」，因為我們第一次大聲向對方說出來。這沒有什麼好高興的，但事情必須說出來，然後面對它。

「爸爸毀了我的一生，妳知道嗎？」蘿莉淡淡地說。

我點點頭。

料想不到的是，兩年之後，我和我姊姊又租了另一戶公寓，這次是租在佛羅里達州，為了要探望我父親，而且只有我們兩個人而已。我們離家遠行數千英哩，花了一大筆錢到達那裡，然後坐在餐桌邊，看著這個男人吃雞肉和梨子。

我們攙著他的手臂，扶他從走廊走回臥房。我們面帶微笑，舉止和善，表現得彷彿這個男人——我們的父親——曾經對我們既仁慈又和藹，而如今我們也以同樣的方式回報他。

剛去探望的時候，我的心一直往下沉。我想起約拿（約納）被人從船上拋到海裡，身體下沉，不斷揮動四肢。他的手臂被海藻纏住，雙腳想跑卻無能為力。在那個時候，我並不想實行什麼不變的愛，甚至一點也不喜歡。然而，我們仍然加以承認，努力解開父親缺席的一生，也解開面臨錯誤百出的一生。

「殘存在敵人土地上的人將因自己和祖先的罪，跟祖先一樣消滅……但是，只要你們的後代承認自己的罪過，也承認祖先的罪過……我就會記起我與……所立的約。」

事實上，我們的經驗就是如此，之後還會提到更多的真實寫照，不過，要是沒有目前的這些，那就無從起步了。我們曾經逃跑，如今停下腳步，敢於跳入承認和記憶的大海中。我們就像約拿一樣，不能忍受對「那些人」實行不變的愛或是憐憫——想想他們所犯下的殺戮，簡直叫人不知道該從哪裡說起！而我們對父母的心情也是一樣——即使是那些普通而常見的過錯——我們感到怨恨，因為他們帶給我們痛苦，從兒女身上奪走了許多東西！那海水好冷啊！我們沒辦法呼吸了。

也許我們剛走到這一步沒多久，也或許我們已經在這裡停頓很久了，但我們要繼續向前走。如果約拿沒有獲得救贖，沒有體悟更深一層的事實而獲得安全感，他早就淹死了。我們也是一樣。我們已經失去了那麼多，如果我們停止不前，就會連剩下的也完全失去。

我們可以再一次成為完整的自己，完整地活著，成為一個完整的人。之前已經有很多人做到這一點，而今輪到我們自己了。

吉兒博士的講解

承認，勇氣，真相。

你有沒有好奇過，某些人雖然經歷過可怕的遭遇，但似乎仍然屹立不搖，沒被痛苦擊垮；其他人經歷到的傷痛相對輕微得多，卻陷入無止境的掙扎和苦惱，這是為什麼呢？事情的真相是，傷痛和苦難不是根據事情的輕重來區分等級的，不幸、失能或悲慘沒有級數高低之別。有些令人震驚的行為似乎是偶發的，完全無法加以掌控……但也有些行為是蓄意的，帶有強迫性，幾乎到了虐待的程度（比如馮妮的父親），那就只能說是邪惡之舉了。

我想起在鎮上紅綠燈旁等待左轉的那位年輕女子，那是個陽光明媚、平靜無風的九月午後。學校放了學，一大群孩子（包括我女兒在內）蜂湧到附近的便利商店買零食。突然之間，他們被恐怖的景象驚嚇住，目睹救難人員快速奔跑，試圖從一部被壓垮的車子裡救出駕駛人。這件事情實在無從解釋。那條馬路的兩側有上百棵尤加利樹，就在那一天的那個時刻，一棵重量十公噸、高度五十英尺的尤加利樹倒了下來，正好把她壓死了。她芳齡二十九歲，是個有成就的小提琴家，曾經在卡內基音樂廳演奏過，當時正要去一個訓練中心為小孩子上課。天啊！一個如此有成就的人，為什麼在這場偶發的悲劇中成為犧牲者？

生命中的隨機事件，突顯出我們的控制能力其實非常有限。在一個狂風暴雨的冬天傍晚，我回到家中，發現房子裡面竟然漏水了，怎麼會發生這樣的事？我的長沙發、桌子、地毯、原木地板都被雨水浸透，已經漂浮起來。那是個超乎尋常的暴雨時節，經過仔細勘查之後，房子的問題被找出來了。我們信任的建商沒有適當地評估未來的風險，房子的外表包覆得很好，看起來很美觀，可是一旦面臨試驗，外表下面的裂縫就支撐不住了。這個事件看似偶發，其實是可以事先預料的，要是我們對房子的裂縫早有警覺就好了。

無論原因為何，我得承擔損失，還要動手清理房子。我們的情緒生命也像這個例子一樣，家庭失能不是隨機偶發的，而是有相當程度的可預測性。我們父母的罪在於他們的行為、態度和苦惱，而這些行為、態度和苦惱對每個兒女的影響程度有輕有重，各不相等。在相同環境底下成長的兄弟姊妹，對同一個經驗往往抱持著不同的觀點，人格類型、性情、年齡、暴露在事件中的程度，都會左右他們感受到的後果和衝擊。

有些孩子面對家庭失能的反應是外顯可見的，他們把家庭的傷痛表現在外，原本就問題重重的生活，往往因而更加千瘡百孔。有些孩子的反應則是「轉而向內」，他們把痛苦內化，表面上看起來若無其事，扮演和事佬，不會火上添油，不過別高興得太早，「好小孩」很少能夠無傷無痛地逃離童年。

唯有神能讓我們卸下罪的折磨，當罪沒有被帶入我們和神的關係之中，心靈和傷痛都會維持原樣，無法轉變。如果缺少覺察、承認、順服、坦白、悔悟，我們可以預測出來，上一代的罪將會如同河水溢流一般，蔓延到下一代身上。

父母經常在有意、無意之間傷害到孩子。有時候，即使是心存善意的父親和母親，也可能造成傷害，只因為他們不知道該怎麼做會更好。另一個極端的狀況是，父母克制不了自己內心的掙扎，反而沒有節制地把情緒宣洩到孩子身上。無論是處於傷害尺度的哪一個極端，或是處於兩端之間的任何灰色地帶，孩子終究會長大成人。某些時候，他們不只是熬過傷害，僥倖存活下來，接著還必須面對不堪、甚至醜陋的事實，並且清理善後。

神給了我們不可思議的頭腦，讓我們在面臨難以想像的巨大壓力時，可以保護、保全自己。馮妮罹患「解離性身分障礙」（以前稱為「多重人格障礙」）就是一個例子。反覆發生的創傷事件可能達到相當的強度，以至於當事人的頭腦不能理解發生的事情，或是不能忍受內心的矛盾，在沒有出路的情況下，大腦會飽受衝擊而進入解離狀態，這是為了求生存的自保手段。「解離性身分障礙」把記憶劃分成割裂的情感狀態，好比一棟房子裡有好幾個房間，每個房門全上了鎖，以便隱藏雜亂的物品。我們的大腦把某些經驗的門扉鎖起來，直到我們感到安全，準備好要清理房子。

除非我們說出曾經發生或是正在發生的事，否則我們無法獲得跨越痛苦所需要的洞察力。如同聖經說的：「我從前失明，現在能看見了。」除非我們分享事實，大聲對別人說出來，否則難以真正見到事實。如同「匿名戒酒會」（Alcoholics Anonymous）的康復十二步驟所敘述的，向自己承認「個人過失的真正本質」——或者該說是**別人在我們身上犯下的過錯**——是個好的開始。當然，哭著奔向神是有治療效果的，但是神並非對你的過去一無所知，如同〈詩篇〉所形容的那般（我把這段文字改寫為我的版本）：

我所有的悲慟，祢都明了。
我所有的眼淚，祢都收集在祢的瓶中。
每一件事，祢都記在冊子上。

我們以為事情應該保密在「只有神和我之間」，然而這是個讓生命停頓的謊言，只不過是羞愧感作祟。向別人坦白相告，並且跟別人建立聯繫，能產生強大的效果，而且是必要的。我們必須了解，沒有人可以獨自走過這一切。神把祂的兒子以人的形象送到我們面前，好讓我們更容易跟祂建立聯繫。祂希望我們維持聯繫，「彼此分擔重擔」。當我們跟別人一起落淚，我們允許自己被安慰，而「哀慟的人有福了，因為他們必得安慰」。

承認需要勇氣——大聲說出事實的勇氣，如同蘿莉和蕾斯莉所做的。她們分享、哭泣、安慰對方……不過她們還必須說得很明確，不能只是含含糊糊地意有所指。當我們教導孩子向朋友道歉，光是說「對不起，我錯了！」還不夠，孩子必須說出自己錯在什麼地方，讓別人了解。同樣的原則也是我們所需要的，我們必須坦白承認自己受到了什麼樣的傷害。不幸的是，沒有其他方法可以繞過傷痛，我們必須跨越它，才能走到另一邊——那裡才有真正的自由。

療癒功課

1. 在父親或母親的身邊長大，或是在雙親的身邊長大，你主要的感覺是什麼？
2. 回憶你童年時期跟父親或母親相處的情景，說說看，是什麼樣的事情讓你有這些感覺？
3. 如今，你對父親或母親的主要感覺是什麼？
4. 如果你可以自由自在地跟父親或母親分享事情，不必擔心被報復或懲罰，你希望父母知道你的什麼事情？

5. 身為一個已經長大的人，你對你的童年故事有什麼新的覺察？所謂新的覺察，是指你從前不知道，或是在成長過程中一直不知情的部分。

6. 在你的童年時期，有沒有任何其他的重要成人給你安慰，當你的避風港，或是幫助你承受童年的重擔？

7. 讀讀〈約翰福音〉九章卅五至四十一節。精神上的失明是指什麼？特別是想想第卅九節，耶穌說：「我到這世上來的目的是要審判，使失明的，能看見；能看見的，反而失明。」這段話給你帶來了什麼樣的衝擊嗎？

8. 你現在應對事情的方法有沒有衍生額外的問題，成為你必須承認、說出來的一部分呢？

9. 如果你已經當上了父母，你有沒有看出來，你父母教養你的某些方式，後來也反映在你對自己子女的教養之中？

10. 你如何選擇不同的教養之道來對待你的孩子，而不是沿用當年你父母教養你時所用的方法？

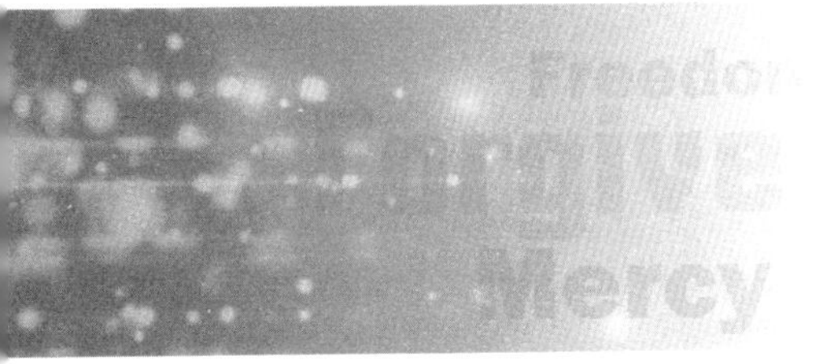

第三章

我們共同背負的債：看見父母的故事

何其幸運啊！我所擁有的心靈能察覺到別人的存在，也能察覺到他們的苦。

——當代靈性導師佩瑪．丘卓（Pema Chodron）

劃分善良和邪惡的界線，割開了每一個人類的心。

——俄羅斯作家亞歷山大．索忍尼辛（Aleksander Solzhenitsyn）

還記得第一章提到的那位心不甘、情不願的先知約拿（約納）嗎？我們都曉得後來發生在他身上的事，那是故事高潮迭起的部分。約拿整個人被一條大魚吞下肚，在魚肚子裡面倖存下來，不過這好像算不上什麼救贖。為什麼不是出現一艘簡易救生艇，或是讓他漂流到一座便利的荒島呢？

說起來，約拿是個棘手的例子，他拒絕反觀自己，悔過的心很薄弱，而且帶有偏見。由於尼尼微城的人民是他的死敵，他變得心盲眼瞎，拒絕去看見一個比較大、也比較近身的事實，那就是他個人對於罪的想法、他自己的鐵石心腸，以及他拒絕去原諒別人。約拿急著想獲救，卻錯過了基本的事實——我們也是一樣。在探究為什麼要原諒父母的過程中，如果我們不關注更深一層的現實面，也一樣會錯過基本的事實。

那麼，關於約拿的事先到此為止吧！他無法指引我們接下來該往哪個方向走。在這本書中，我們已經啟程出發，說出、了解別人在我們身上造了什麼罪。我們知道罪有多麼可恥，也感受到罪腐蝕著我們的心靈和肉體。用知名靈修作家尤金．畢德生（Eugene Peterson）的話來說，我們知道了：

罪有其殺傷力，罪抹殺了人與人之間的關係。人類是擁有神之形象的生物，生來就擁有靈魂的親密關係，然而罪抹殺了這與生俱來的靈魂親密關係。罪是致人於死的，歸納起來有「七宗死罪」。當我們造了罪，我們的一部分就死亡了，跟活生生的神、活生生的配偶、活生生的子女、活生生的鄰居……之間，失去了活生生的連結。日復一日，我們發現自己遊走在無邊無際的罪人墓地，成了人們所說的行屍走肉。[1]

然而一路至今，我們走的路足夠長了，現在應該要思考比較宏觀的事，不應該再侷限於父母對我們做了什麼。我知道，所有人都渴望從憤怒和痛苦之中解脫出來，期盼正義得到伸張，這些心願保證都可以達成。可是我還知道，人們對真理也同樣懷著熱切的渴望，那個真理超越了我們自身。我們希望自己的痛苦得到別人的認同，而這份痛苦把我們禁錮在孤獨的小房間裡，使我們對外面更大的世界麻木無感。不過，與此同時，還有另一股拉力可以把我們拉出去——以超越我們自身、超越痛苦的目光去看事情。

現在我們要往那個方向前進，從我們自己的故事轉過頭來，好好看看父母的故事。或許我們從來沒有這樣做過——以全面性的目光去看母親和父親的生命。除了對我們施加傷害這一點之外，他們的為人究竟如何？要看到這一點很不容易。我們只能勉強反觀自己，但看得不清楚；對於父母，我們盲目的程度往往更嚴重，原因有很多，可能是我

1 Eugene H. Peterson, *Tell It Slant: A Conversation on the Language of Jesus in His Stories and Prayers* (Grand Rapids: Wm. B. Eerdmans, 2008), 185.

們不想花時間去深入他們的心靈和歷史，我們一向跟父母保持距離，不願意看到自己跟他們之間有任何相似性、任何類比，只想跟他們完全不同。當我訪談別人時，一而再、再而三地聽到這樣的話：「我父母給我的最好教導，就是示範給我看，讓我知道不要去做哪些事。我不想跟他們有任何一丁點相似的地方。」

我很確定，**你跟他們是不一樣的**。然而，我要花一些時間退一步看，以便對父母的為人有比較廣泛的了解——最終，以比較廣泛的目光來看我們自己。

要做到這一點，我們得費一些心力去打電話、拜訪一些人、旅行一些地方。在我帶全家人到薩拉索塔去探望我父親之前，我們先開車去聖彼德堡拜訪我父親的哥哥，那是他唯一還在世的親人。這是一次機會，讓正要開始探尋答案的我可以提出詢問：這個男人是怎麼樣的人？他為什麼那麼麻木，跟別人那麼疏離？那是某個人的錯嗎？如果是的話，那個人是誰？我思考過幾個可能的答案。有可能是我們六個孩子的錯，我們太吵鬧、需索太多、開銷太大，讓他背負了太多責任。我父親寫過一則短篇故事，藏在一個馬尼拉紙做成的老文件夾裡面。故事中，有個年輕人走在海邊，妻子和幾個年幼的孩子遠遠落在後面，他聽見他們齊聲叫喚他，腳步越來越沉重，簡直像是生了根似的，無法走回妻子、兒女的身邊。

也有可能是他父母的錯。我從前聽說過，他母親比較偏愛他哥哥。他哥哥是個健談、俊美、伶俐的人，到處受歡迎，是朋友群和活動場合的注目焦點。而我的父親，除了長得像電影明星一樣帥氣之外，其他都不值一提。也許他母親真的偏心，讓他受創太深，以至於退縮得不近人情。我知道他不怎麼喜歡他母親，但也或許是他父親的錯。他的外貌跟父親很相似。在成長的過程中，他父親帶著他到處做生意——他父親是個成天旅行的生意人，有自己的事業，做的是進口羊毛、批發買賣的生意。他曾經指望他的兒子繼承事業嗎？不過，我父親一定讓他失望透頂，在做生意方面毫無所成，簡直就是一場災難，達不到他父親的期望。

是婚姻毀了他嗎？難道是日常關係的責任義務太沉重，讓他負荷不了嗎？我看得出，我母親從丈夫身上得到的東西有多麼微少——說不定什麼都沒得到？讓我料想不及的是，他竟然會結束跟我母親的婚姻。

真希望我能查訪出來，孩提時代的他是什麼樣的人？是不是我們所有人對他溫和的靈魂做了什麼粗暴的事，才讓他變成後來的樣子？也許我可以從伯父和姑母口中找到一些答案，自從我三十年前離家之後，就沒再見過他們了。

去拜訪他們時，他們已經八十多歲了。他們招呼我們進到公寓裡，臉上帶著驚訝的神色，同時又很親切。雙方客套一番、聊過舊事之後，我推推鄧肯，示意他帶孩子們到外面去，好讓我私下跟伯父、姑母談談。我向他們提出我想到的每個疑問：我父親小時候是怎麼樣的孩子？他有很多朋友嗎？他母親是怎麼樣的人？他喜歡做些什麼事？時間讓他改變了什麼嗎？我得到的答案很遲疑，總是盡可能偏向好的一面，我對這個狀況不意外。他是個不合群的人，喜歡閱讀，會帶著一本書消失好幾個小時。當他哥哥的朋友到他們家玩足球時，他會跑開，以免要跟大家玩在一起。此外，他也不太說話。

談到他在第二次世界大戰從軍的事情時，我姑母興高采烈地告訴我：「妳爸爸是個英雄！」但是沒有任何其他佐證可以支持這句話。雖然他的測驗分數很高，讓他進了海軍學校，不過如同我先前說過的，他被退學了。後來他被分派到另一個師，做文書的工作，不過同樣又被退學了，最後他到了步兵部隊，當一名步兵。談到這件事時，他們顯得很尷尬。他們還告訴我，一年前他們去拜訪過我父親，看到他的牙齒差不多全掉光了，身體發了福，衣服髒髒的，我聽了大吃一驚。我姑母建議，或許孩子們不應該見他的面。

我仔細聆聽，凝視他們的臉龐。雖然我姑母努力為我父親的歷史修復名聲，不過我聽得明明白白：失敗！在人生的每個階段都失敗！我父親的家人因為他而倍感尷尬，如同我們也因為他而尷尬不已。在成長的過程中，我們對他沒有尊敬之心，曾經大聲指責他。我們打過粗暴的架，家具被砸碎，或是被拿來當武器，有時還有血光之災；牆壁被亂塗文字，整棟房子在地基上搖晃起來，屋子裡傳出尖叫、咒罵的聲音和字眼。

再談談他的工作。他試圖賣過警報器，用汽車的行李箱販賣女用內衣，也試圖推銷鋼筋水泥蓋成的房子，然後到了某一天，再也沒有人願意雇用他了。當他必須離開我們的家時，他哥哥不願意繼續收留他，我們也不肯再接納他了。

在我離家十年之後，我們安排了一次家庭團圓。我們不清楚他日子過得如何，幾年來沒有人見過他，或是接過他的任何消息，不過我們知道他人在佛羅里達州，住在一艘船上。我哥哥陶德從新罕布夏州開車到佛羅里達州去接他——我父親沒有自己的車子——然後再原路開車載他回去，來回一共四千英哩。他坐在兒女和孫輩之間，渾身不自在，幾乎沉默不語。

我打定主意，非要在那次聚會得到一些收穫不可，於是強迫他抱抱我的第一個孩子。剛開始他拒絕了，但我還是把女兒抱給他，心裡有一份莫名的期盼，希望他會愛上這個孩子，希望他的心腸會軟化，一時片刻當個好爺爺。他接過我女兒，僵硬地把孩子抱在膝蓋上，一下子就抱還給我。他的手抓著孩子的腋窩，讓孩子晃蕩著，彷彿抓著一隻髒兮兮的小狗。過不了多久，他離開客廳裡的所有人，獨自去另一個房間坐著。

終於，我看出來了，沒有人愛他，而他自己也不願意——或者沒能力——去愛人。這一次我倒沒有生氣。

「什麼是地獄？」在《卡拉馬助夫兄弟們》（*The Brothers Karamazov*）一書之中，佐西馬神父（Father Zossima）提出發問。「地獄就是沒有能力愛人的那份苦。」2

誰受的苦比較深？我思索著，我知道問題的答案了。

我們都是受害者

直到我的人生過了一半，我才開始在意，或者說我才敢看清這一點：受傷倒在路邊的人，不是只有我的兄弟姊妹和我自己而已。

我不禁想起一則很古老的故事，多數人對這個故事都知之甚詳。用最精簡的方式來說，故事內容是這樣的：

有個人從一座城市旅行到另一座城市，走在眾所周知的一條危險道路上。他在路上遭到搶劫，被打得半死，還被剝掉衣服，奄奄一息地倒在路邊，瀕臨死亡。

有個祭司，也就是猶太人的精神領袖，打從那裡經過。在我們的預期中，他是頭一個會停下來伸出援手的人，可是他什麼也沒做。

接著有一個利未人（肋未人）走過來，那是個律法專家。他知道神要他做什麼，可是他忽視神的教律和眼前的傷者，輕鬆快活地繼續向前走。

第三個人走過來了，他來自撒馬利亞，屬於遭到鄙視的族群，被認為血統不純正，妨害了猶太國家和猶太宗教的純淨。這是最不可能的人選，但是他卻停下腳步，為陌生人包紮傷口，扶他坐上自己的驢子，把他送到一間客棧安頓下來，還為他留下飲食、住宿的錢，之後甚至回來探望這個他毫不認識的人。

我們認得故事裡的主角，那不就是在說我們嗎？我們出現在故事裡，啟程出發，不經世事，一派天真，勇往直前。那是漫長的旅程，我們是單純的初生之犢，對眼前的危險一無所知，從出生的城市走向位於河谷的另一座城市。每個人都在這條路上走著，從童年走到成年，沿路會遇上什麼樣的傷害呢？

不久，事情就發生了。攻擊者從岩石後面、從河谷最陰暗的角落跳出來，偷走我們身上值錢的東西，剝掉我們的衣服，把我們毆打一頓。我們倒在那裡，淌著血，求助無門，旅程中斷——或許一切就到此結束了。路上的行人來來往往，他們知道應該停下來幫忙，但是他們做不到。我們被留在那裡，孤單一人，獨自痛苦。在這個故事之中，你看見自己了嗎？

我看見自己，也看見了蜜雪兒，她確確實實倒在地上，被打昏了。那時她正在讀中

2 Fyodor Dostoevsky, *The Brothers Karamazov*, chap. 41 (pt. 2, bk. 6).

學，剛開始沉迷酒精和藥物，而她爸爸動手打她——那不是第一次了。

事情的模式千篇一律。蜜雪兒晚歸，喝得醉醺醺，她爸爸怒不可遏，一拳打在她臉上，把她打得不省人事。他會居高臨下，站在她的旁邊，不斷用腳踢她，直到她醒過來。他要生氣的事很多，家裡有九個孩子，其中五個正逢青春期，不過他所有的怒氣全落在蜜雪兒這匹「害群之馬」身上，他是這麼叫她的。蜜雪兒會逃到水牛市區撒野，覺得自己全然淹沒在憤怒之中。她告訴任何一個願意聽她說話的人：「我跟我爸爸到此為止！我受夠這一切了！」

蜜雪兒以那樣的姿勢倒在那兒，在路邊淌著血，持續了十五年之久。

很容易看得出來，我們就像那個倒在路邊的人。這個寓言故事的結尾令人喜愛。是的，他是遭人暗算的受害者，不過他得到照顧，被溫柔地扶起來，最後被送進客棧，種種需要在客棧裡得到滿足、照料。他痊癒了，恢復到完全健康的狀態。那正是我們希望自己得到的，被關懷，被照料，直到康復。這件事在蜜雪兒身上發生了，不過事情並非無緣無故自然發生，而是因為她的自覺和行動。

蜜雪兒開始了解到，我們不是唯一在那條路上啟程、遭人從背後暗算的受害者，我們的母親——以及父親——在一開始也是帶著希望出發的，他們對眼前的危險同樣沒有任何防備，心裡同樣沒有半點懷疑，不知道自己會遭到危險。當我們開始再次注視他們，即使我們只能抬起頭部，也能看見他們同樣倒在那裡，淌著血，氣息微弱。他們跟我們一樣有人性，有完整的人性，很可能也傷得跟我們一樣嚴重。

蜜雪兒的妹妹死得很悲慘，在那之後，蜜雪兒回到家人身邊。有一天，她從房間對面看過去，見到她父親在那兒，受苦的程度和她一樣深。

過去十五年來，對我而言，我父親就像是一個鬼——後來，他是我眼前真真實實的人類。我開始一再審視我自己的罪過。是誰撫養我，讓我長到合適的身高？從前我看他是一個罪惡深重的人，如今，我開始看到自己的罪惡比他更深重。他打我的那段日子，我一直爛醉如泥。我開始明白，在這整件事情中，我難辭其咎。跟我比起來，他沒辦法用更好的知識去理解事情。是的，我快被淹死了，不過他也一樣。我父親承受著極大的痛苦，他還有其他四個女兒，每個都是大麻煩。我眼看著他快速老去，身體越來越弱。

當我花時間詳加觀察，試圖透過他的眼睛來看我們家，我才了解到，許多事情在我們的生命中上演著。我不敢相信他怎麼把這個家維繫住，我看到他勉強支撐著，孤單，痛苦。我們有財務問題，房子也為了這個原因要賣掉，他實在是不可思議！突然之間，我對整件事情有了完整的洞察，這個洞察對我帶來巨大的幫助。我對父親了解很少，我不曉得他一輩子都夢想成為水手；他熱愛植物，是個本事很好的園丁，夢想開闢一畦苗圃，從前我絲毫不知道這些事。我逐漸領悟到，為了我們這個家，他已經犧牲了三十年的生命。他有關節炎的毛病，在雪佛蘭工廠失去了聽力，他是個工作非常勤奮的人。跟我以前所認為的比起來，他的小缺點、罪惡和過失其實是很小的。

寫到這裡，我們幾乎足以感覺到，在這則寓言故事裡，我們倒在路邊的位置跟父母很靠近，近到能看見他們也倒在那裡。然而，充滿希望的結局，以及撒馬利亞人的身分，讓我們開啟另一層思考。

請想想：對撒馬利亞人而言，猶太受害者不只是個路上偶遇的陌生人而已，他們之間的衝突很大！因為撒馬利亞人和猶太人之間，其實有著糾葛複雜的關連。話說，希伯來人追隨著摩西（梅瑟）離開埃及，後來，他們所建立的國家分裂成北國和南國。西元前七二二年，住在北國的撒馬利亞人被亞述人俘虜，最終竟然跟俘虜他們的亞述人及其他阿拉伯移民通婚，違反了神的禁令，因而跟南國的希伯來同胞越來越疏遠。所以，猶太人痛恨撒馬利亞人，公開指責他們。在猶太法庭中，撒馬利亞人沒有資格為人作證；在猶太人的集會中，撒馬利亞人備受詛咒。猶太人相信，光是走過撒馬利亞人的居地邊界，就算是遭到玷汙；此外，他們也不允許撒馬利亞人回歸為猶太人。

毫無疑問地，那個路過的撒馬利亞人，以及他的整個家族、文化所承受的苦，都比倒在路邊的猶太人更多、更深。此刻，卻有個猶太人倒在他腳下。比起先前路過的那兩個猶太同胞，撒馬利亞人更有理由拒絕以正眼去看腳下的人，他大可以拒絕出手相救。

可是，撒馬利亞人的目光超越了不公義和他自己的傷痛，也超越了兩族仇恨糾結的歷史。他眼中看到的，是雙方同病相憐的處境：對方是個淪落天涯的旅人，被別人欺負了，虛弱無助而不能自救，撒馬利亞人深深知道那是什麼樣的感受。他把倒在地上的人看作最純潔無欺的人，要是不救他的話，他必死無疑。他，是一個鄰友。

我們又再一次置身於故事中，以下是我發現到的事：我們仍然是故事裡的受害者，那是毫無疑問的，但是我們還沒有完全脫身。無論你覺得被父母拒絕、拋棄，還是被冠上害群之馬的惡名，如果你的處境如此不堪，那麼你就成了一名撒馬利亞人，那也意味著，你被期望去做那個撒馬利亞人的義行，在你能力所及的範圍內，幫助原本折磨你的人，因為神給了你力量。

後來發生在蜜雪兒身上的故事是這樣的：她跟父親慢慢走向和解，父親在她的生命中變成一個真實存在、活生生的人，他們開始交換小禮物。當她在海岸巡邏隊工作時，她帶了一份禮物送給父親，那是海岸巡邏隊的皮帶釦。心裡的話要說出口很難，而她送這個禮物給他，意思是：「謝謝你為這個家犧牲了你自己的夢想。」

她把禮物交給父親之後，準備啟程回到船上去。她鑽進車子時，說了一句：「我愛你。」她已經好久好久沒說過這句話了。蜜雪兒的父親把手伸進車窗裡，貼在女兒臉上，撫摸她的臉頰幾秒鐘，並且說：「我也愛妳。」從她很小的時候到現在，這是她父親第一次慈愛地撫摸她。蜜雪兒拉上車窗，把車子開到父親視線以外的地方，然後停下車子，啜泣起來。

數年之後，在某個八月，她跟父親又見了一次面，兩人相處得很愉快。當她要出發回營時，她父親把一台小電視機塞進她的背包裡，作為禮物。她打算隔天撥一通電話向父親道謝，可是隔天早晨，她父親因為心臟病發作而過世了。

蜜雪兒深深記得父親在她臉上的最後一撫，還有父親塞進她背包裡的禮物。她趕回父親家，在遺體被移出家門之前，她看到父親的腰上繫著她多年前送給他的皮帶釦。

蜜雪兒清清楚楚見到父親的最後一面，陪他走完最後一程。其他人同樣也已經越過馬路，站在父母身邊，或是跪在他們身旁。

修復共同承擔的傷痛

黛安娜長大成人之後，大部分時間都極力迴避她的母親，她從來都不知道該拿母親的行為怎麼辦才好。每當黛安娜做了讓母親不高興的事，她母親就切斷雙方之間的溝通，有時長達數年之久。她母親曾經感情出軌，也曾經企圖自殺。黛安娜回憶不出太多快樂的事，她們家的一大群人一直因為母親反覆無常的決定而不得安寧。

終於，黛安娜著手查訪她母親的童年，慢慢把事情拼湊出來。她發現母親小時候很可能遭到性侵，對母親的同情之心油然而生。黛安娜從母親自殺、住進康復機構的情況看得出來，她其實有心處理自己的過去，可是沒有人試著幫忙她處理被性侵的事。直到現在，她母親仍然不願意談起小時候的事，可是黛安娜看見了，她的母親倒臥在路邊。

同理心，是一次彎身向前，是一次轉頭回看，是從馬路、房間對面傳來鼓舞的眼神。

安迪的雙親都酗酒，他告訴我，他小時候被父母毆打、辱罵過無數次，飽受輕視。用餐時，他的座位是在父親的右手邊，也就是說，每當他父親發怒，必然反手一拍，把他打得跌倒在地。他母親則是丟東西到他身上，任何隨手可得的東西都丟得出手，例如一杯熱咖啡，還有一次是一桶滾燙的水。我記錄他受傷的速度趕不上他講話的速度，但是他告訴我的故事不全然跟他自己有關，他也談到他父母的背景。他母親是個獨生女，不知道怎麼養育五個孩子，而他父親從小失去爸爸，十四歲就離家生活，獨自長大成人。「不能以常理來要求我父親。」安迪說：「他根本沒有學過怎麼養育孩子。」

我跟卡洛琳在電話中談起她的父母，她開始說出他們的故事，而不是說出她自己的遭遇。她談到父母的生活條件、居住地、政治傾向、上一輩是怎樣的人、從前受過什麼樣的傷害。我一邊聽，一邊感到驚訝。我發現到，儘管她為了要不要原諒父母而內心交戰，不過她仍然看見他們的身影，她把父母看成人類同胞，承受著來自上一代的重擔而受苦。

要做到卡洛琳這一點，並不是一件簡單的事，目光必須超越父母沒把角色扮演好的層面、超越兒女需要父母的層面，把父母的自我納入視野之中。為人父母者，永遠不僅僅是兒女的母親、父親而已。如果你有自己的下一代，你就會明白一個事實：兒女了解父母的程度有多麼低，而父母本身自我保留的程度又有多麼高？每個人不都明白，我們的父母也曾經是個小男孩、小女孩，他們也有父母和兄弟姊妹，家裡的廚房水龍頭會漏水，小時候遇過討人厭的老師，閣樓裡有個藏身的秘密基地？如果他們結了婚，是因為對未來抱著美夢而結婚的，希望日子過得比原本的家庭更幸福。當你母親生下你，她可能喜極而泣；如果她把你送給別人，送給另一對父母，她可能傷心而哭。你父親可能把你出生的那一天看成是他生命中最棒的一天，牢記在心。

父母跟我們相似的程度比我們所想像的還高，也很可能高出我們心裡願意承認的程度。姑且不說相似的外貌、雷同的口音語調、共有的DNA、居家環境、族譜、責任義務、歷史和回憶，我們跟父母還有更深層的共同點：我們都被擠壓在時間的巨掌之下，無從脫逃；我們都是土生泥塑的，將來終究要歸於塵土；我們都受到自我的束縛，本質上同樣都偏離了神；我們都是「罪惡與破碎所帶來的普世災難」[3]的共同承受人。我們的父母很可能曾經被他們的父母深深傷害，而被父母傷害過的我們，也很可能持續傷害著身邊的家人。那麼，就讓我們所有人，包括兒子、女兒、母親、父親，一起以尤金・畢德生寫的這段話來祈禱：

請饒恕我們欠下的債，請饒恕我們跟鄰人之間沒有記下誠實的帳目。請饒恕我們拒絕接受神賜予的禮物，卻偷了不屬於我們的東西。請饒恕我們利用「語言」這項禮物去欺騙，請饒恕我們濫用「性」這項禮物而淪於墮落，請饒恕我們誤用「力量」這項禮物去施虐、謀殺，請饒恕我們利用「富裕」這項禮物而讓別人陷入貧窮。[4]

然而，我們不能困在這裡。我們被創造得具有神的形象，胸腔裡有神的呼吸。每個人都渴望自由，渴望有份量的生命，平等地領受神的愛和憐憫，領受神賜予的新生命，以及救贖、洗滌罪惡、上天堂的希望，神的靈與我們同在。我們跟父母共同承擔「罪惡與破碎所帶來的普世災難」，共同分享神給予的滿全與修復。

3 L. Gregory Jones, *Embodying Forgiveness: A Theological Analysis* (Grand Rapids: Wm. B. Eerdmans, 1995), 126.
4 Peterson, *Tell It Slant*, 185.

我的意思不是建議你把童年時代發生在你身上的過錯和罪行分擔起來。當時我們年紀還小，住在父母的屋簷下，在父母失職這件事情上，多數兒女不是共犯，不必負連帶責任。如今，我們已經不是孩子，也不必住在父母家了。現在，我們成了什麼樣的人？而**他們**又是什麼樣的人？

我們絕對不能害怕去看，而且要近距離地看，這不是為了替父母找藉口，也不是為了替自己找藉口。這裡要談的重點不是找藉口、開脫罪惡，那不是我們要做的事。神不會開脫罪惡，不會用理解的神情看我們一眼，然後就把罪惡一筆勾銷，用祂慷慨的毯子把我們人類內在的腐植質遮掩起來。罪惡、傷害、邪惡必須被徹底解決，而不是被忽略、被否認，或是被開脫。

幫父母找藉口並不等於原諒父母，別為他們開脫責任，那只不過是表面上對他們好，其實沒有意義。那只會讓他們永遠沒有機會認清自己的責任，進而彌補過錯、尋求原諒、脫離習慣和從前的錯誤，展開另一種生活，跟他人建立新的連結。你也勢必要繼續為他們的行為背負所有重擔，連喘口氣或徹底解決的機會都很渺茫，而他們也要繼續承擔自己犯錯的罪惡。對於這種假象式的原諒，我們不會感到滿意，我們期待的不只是如此而已。

值得同情的代價

我父親在生前最後一年中風了。那天晚上，我人在新墨西哥州聖塔菲市的一家高檔餐廳裡，跟同事、朋友一起用餐。晚餐之後，我們要一起去參加一位知名作家的專題演講。正當我要開始向朋友們介紹演講者的時候，我的手機響了，是我姊姊打來的。

不到一分鐘的時間，我快步走到餐廳的僻靜角落，眼淚不停地流出來，聲音變得粗啞，手指頭不停地爬梳頭髮。我聽我姊姊描述父親跌倒的細節，在地上躺了多久的時間都沒有人出面幫忙，他是多麼無助，而最後又被送到哪裡。聽到相關人員粗心大意，以至於我父親沒有早一點獲救，我氣得顫抖起來。當我想像事情發生的一幕幕經過，我的心好痛，簡直要碎了！這件事讓我體會到，我跟父親之間的新關係有著多麼高昂的代價！我父親跌倒、中風的事讓我倍感心痛，因為現在我是在乎他的。

幾天之後，我姊姊飛去跟他作伴。我想在那裡跟她碰面，但是我已經講學兩個星期了，必須回家一趟。鄧肯得出門談一筆非常重要的生意，而我必須回家陪伴孩子。事情往往不就是這樣嗎？到了你生命的中年時期，你的父親或母親不久於人世，而事情正好發生在你的伴侶、孩子需要你的時候。中風這種事情難道要發生在哪個時候，才算是好時機嗎？

蘿拉陪伴我父親的時候，把聽筒拿到我父親耳朵旁，好讓我跟他說話。

「嗨，爸爸，我是蕾斯莉，我現在在阿拉斯加。」

他發出驚訝的口氣，接著我只聽到粗重的呼吸聲。

「我打電話來，是要讓你知道，現在我每天都為你祈禱。你有收到我的卡片嗎？」

他發出一個聲音，我不確定那是什麼意思。

「我知道你很沮喪，因為心裡明明有話，可是嘴巴卻說不出來。」

「沮……」他痛苦地重複我的話。

「我寄了一張卡片給你，後來又寄了一本書。有沒有人把你的郵件拿去給你，把內容讀給你聽？」

我聽到一陣粗重的咕噥聲，我猜想是肯定的意思。

「噢，那很好。我很高興你有收到。爸爸，我聽他們說克拉克要去看你，他已經出發南下佛羅里達州，而且他打算每一、兩個星期去看你一次。大概再過三個星期，我也會去看你。」我試著讓我的聲音聽起來有朝氣，幫助他從不幸之中振作起來，為他的生命注入一些快樂的氣息。

「我……不……值得……」他結結巴巴地說。

我聽懂了，肚子上彷彿被戳了一刀。「你當然值得！」我抗議他說的話，心裡又驚又怕，不過我立即明白他的意思了。在公平正義的人性天平上，他以前從來沒做過什麼好事，值得兒女為他做這些犧牲、關心他的安危。為了他，我們正在耗費許多時間、耗費大筆金錢，而我們之中的某些人其實沒有足夠的金錢。我的一個兄弟賣了房子，搬家搬了兩千英哩遠，只為了拉近跟他的距離。我們正在為了他而虛擲人生，是他自己選擇住在離我們有半個國家之遠的地方，他是對的，就這一點而言，他的話完全正確。

在過去這一年，每當我轉身面對他，我都清清楚楚地意識到，無論我為他做什麼，過去他從來不曾用同樣的方式對待過我。不過，聽到他本人遲緩地說出這些話，在深層的自我之中，我立刻瞭解到世界並不是以那樣的法則在運作，他的話顛覆了宇宙的每一顆微小細沙——這個宇宙是由圓滿的愛和無盡的憐憫造就而成——每個人都是神所創造，呼吸著神的氣息，理當應該得到關心和慈愛，沒有任何男人、女人、父親、母親被排除在外。

過了一週，鄧肯談完生意回來了，所以我有空可以出發了。我從科迪亞克飛去陪伴我父親，只有我們兩人獨處。那時候他已經住進一家養護機構，我飛到奧蘭多（Orlando），租了一部車，開到養護機構去，心裡想著：我會見到一個怎麼樣的人？狀況會是如何？我最後一次見到他是數個月之前，當時他的神智是清楚的，走路必須使用助行器，動作緩慢而痛苦，可是依然表現出堅忍的生命力，只不過他不太說話。

這一次，我拖著緩慢的步伐，穿過長廊，走到他的房間。我在門口張望了一下，那是一間兩人房，有個蜷縮的身體躺在床上。然後，我從半開的窗簾看進去，有另一個人坐在輪椅裡。我全身發抖，走了進去。

我父親躺在床上，膝蓋縮到胸前。他穿著短褲，下巴開開的，牙齒全掉光了。他瘦多了，不過腿上的肌肉依然很結實。我心想：「我在做什麼呢？我該怎麼探望這個生病、老邁，被我稱為父親的人？」我覺得我好像應當知道該怎麼做，但其實我不知道。要靜靜等待嗎？我遠從五千英哩之外來到這裡，能停留的時間很短暫，我不想等下去。我慢慢靠近床邊，決定……沒錯，我要搖醒他，如果搖得醒的話。

我觸摸他的薄運動衫，輕輕按住他的肩膀，仔細端詳他的臉，手指握在他的肩膀上。過了一會兒，他眨了眨眼睛，睜開雙眼。他正面看著我的臉，頭部一動也沒動。一看出是我，他的眼睛立刻湧出淚水來，不過他還是繼續正面看著我。他開始流淚，安靜而顫抖地流淚。當他哭出聲音時，全身都跟著顫動起來，而他的頭依然枕在他的手臂上。有半晌的時間，我站在原地，身體凍結了。我從來沒見過我父親掉眼淚，甚至沒見過他眼眶泛紅，露出哀傷的表情。我整個人被撕裂了，臉孔糾結起來！我的手繼續按在他的肩膀上，安撫他顫動不停的身軀。

就在那裡，我們兩個人身體相觸，在安靜的哭泣中一起顫抖，因為哀傷和悲痛而無法看清對方的臉。我知道他說不出那個撼動他的傷心事是什麼，但是在我看來，我們兩個人似乎是為了他的生命而哭泣，為他長壽而悲哀的一生哭泣，也為他殘老的身體、糾纏的心靈，以及至今依然無言的舌頭而哭泣。我不停落淚，要是我能早一點來看他就好了！我們兩個人為了我們所失去的一切而眼淚直流。

後來，我不禁這樣想：這次中風、這一場病使他成為一個比較完整的人，我從來沒見過這樣的他。我從來都料想不到，我竟然會透過憐憫和慈愛的眼睛來看見我父親。此時此刻，我同樣也感到哀傷。

為了讓我父親成為一個值得同情的人，難道真的必須付出中風的代價嗎？

從這樣的觀點來看，我們已經取得一些優勢。無論是什麼樣的糾結讓你遠離你的父親、母親、岳母、繼父、甚至你的祖父母，現在，讓我們看穿這個糾結。道路的另一側有沒有可能正躺著某個人？某個像你一樣的人，衣服被扒掉，遭人痛毆倒地，甚至連求救的聲音都發不出來？那個人會不會也身受重傷？

在你注意看的時候，我無意強調你要感受到洪流般的情緒，如同我之前所描述的個人狀況一樣。我甚至無意強調要有溫馨的情感，相反的，我建議你要有洞察力。

當你用心看你父母的生命，請想想耶穌在十字架上所說的話，或許那是有史以來最令人震驚的話語。祂是在掙扎著呼吸時說出那些話的，當時祂身上淌著血，幾乎不成人形。祂沒做過任何邪惡的事，沒犯過半點過錯，從來就沒有，但是祂被控訴是個罪犯。在十字架上，耶穌如此祈禱：「父親哪，赦免他們，因為他們不曉得自己在做甚麼。」（路加福音 23:34）現在你可能沒辦法以這樣的言詞來祈禱，不過請想一想，這樣的祈禱詞要把我們引領到哪裡去？它教導我們要心懷憐憫，以尤金．畢德生所寫的話來說，就是「培養靈性中的惻隱之情」。不僅如此，尤金．畢德生還寫道，這樣的祈禱詞容許「『他們不知道自己在做什麼』的可能性」。

有多少父母是存心去傷害兒女的？有多少父母犯下無知之過，對自己的行為至今依然無知？又有多少父母被他們自己的傷口限制住，看不見、動彈不得？

這就是我們現在正在做的事，我們正在培養靈性中的惻隱之情。當我們如此做的時候，我們會發現或是再一次憶起父母的缺點、他們背負的包袱，以及他們的父母施加在他們身上的沉重罪惡，而我們將會發現更超然的事情隨之發生。當我們從人性的角度真真實實地看別人，我們變得比較敏銳，比較有覺醒力，自身的人性也更加完整。

吉兒博士的講解

從我們的父母身上，我們學到他們的長處，也學到他們的短處。沒有人需要百分之百完美的父母，我們所需要的，正如兒童心理學家溫尼考特（D. W. Winnicott）所說，是「足夠好的養育」。然而，如同我們在前面所讀到的，許多人得到的是「不夠好的養育」。在正常的發展歷程中，當孩子面臨挫折時，他們就學會忍耐與延宕滿足的能力。然而，過多挫折、混亂和不可預測的遭遇，會帶來不同程度的創傷，以及創傷後的各種自我狀態。創傷越深，孩子就越需要存活下去的機制，也越需要發展出更高明的隨機應變能力。人性的光輝似乎彌補了這段漫長的路程，可是，對心靈起到保護作用的機制，到後來卻可能變得適應不良。

就人性而言，我們本身既是受害者，同時也是加害人，也因為如此，我們是自身人性缺點的受害者兼加害人。當我們能夠從人性的觀點看見自己，而後以同樣的觀點去看別人，甚至是看我們的父母，我們就見證了彼此的生命，見證了自身的故事，也見證了我們在歷史上的定位和作用。

我們的父母也曾經是小孩子，住在他們父母的屋簷下。他們小時候是什麼樣的人呢？懷抱過什麼樣的希望和夢想？我們能否把父母跟我們的關連擱在一旁，單純從他們的故事脈絡去看他們的為人？畢竟，如果他們不是我們的父母，根本不會握有父母大權；他們之所以會跟我們緊緊相繫在一起，全是因為我們要依賴他們才能存活下去。如果能夠放開這一層關連，我們才比較有辦法清楚地看見他們的為人。

然而，一旦父母長大成人，無論他們的童年經驗是什麼，都有責任去處理從前受到的傷害，以免把傷害強加到下一代身上。因此，無論事情有多麼不公平，我們也被召喚走上自己的療癒之旅，對自己的覺察力負起責任。

這並不是說我們應該繞過從前的傷害，或是對**錯誤的事**不動聲色。說出實情不只非常重要，而且是原諒歷程的必要一步。我們可以對不公義滿懷憤慨，同時停止對世界的合理性抱持幻想。假象的原諒是表面上遵循法律文字的要求，大腦敷衍了事，而內心卻沒有產生連結或轉變。假象的原諒是強迫一個人應該、理當去原諒，倉促地掩飾童年的一切，就好像是說：「他們已經盡力而為了。」卻沒承認父母有容易犯錯的人性。

雖然蕾斯莉的父親缺乏品格，而且是明顯可見的缺乏，不過神也做了補救，讓蕾斯莉和其他兄弟姊妹的能力發展到比父親更高的境地。按照道理，他們的父親不配得到兒女的愛和關懷，反而是做父母的應當給兒女愛和關懷。不過以愛和關懷來孝敬父親是一種補償之道，就像神補償我們被蝗蟲吃掉的糧食。並非每個人都應該賣掉房子，搬去不值得善待的父母附近居住。有時候，我們抱著希望去接近父母，想從他們身上獲得打從孩提時代就一直渴望不到的東西。這種延宕的希望、心願會妨礙你內在的成長，那可能意味著你依然想得到父母的贊同，想在父親或母親的眼神中尋求認可，希望終究能聽到父母說一句「我愛你」、「你真是我的好女兒」、「你是個成材的兒子」。不過，出於憐憫之心而原諒父母、愛父母是有可能的，倒不是父母「白白賺到了什麼」。當你把神視為你從未有過的父親，你就能夠寬宏大量，因為祂早已在你的靈魂內成熟了這項品格。

有一件事要多加留意：在你自己的情緒還沒達到平穩的境地之前，如果貿然接近剛愎固執的父母，在情緒失控的情況下，對你可能會造成傷害。例如，當你覺得心靈受創、解離，喪失時間感，無法辨別眼前的現實和過去的現實，無法盡到一般的職責（工作、起床、照顧小孩），或者，你身邊的人對你感到擔憂，這些跡象都是創傷後的壓力症候群。要是出現了上述的反應，就有必要去尋求專業諮商人員的協助，就算你以前曾經尋求過協助，現在仍然有需要。最低限度是，你必須擁有一個強大的支持系統，其中可能要包括一個支持團體，讓你可以自由自在地討論家裡的創傷議題。找找社區或教會裡的資源，看看是否有可靠的療癒方式或是關懷部門。儘管教會不能取代受過專業訓練的臨床專家，不過許多教會有「平信徒輔導者」，在有執照的治療者督導之下，他們可以給你額外的支援協助，幫助你度過兩次治療門診之間的空檔。

在你掙扎徬徨的時候，「十二步驟團體」特別有用，他們所支持的理念是向神或更高階的大能者尋求幫助——比你自身更偉大的有能者。這些團體能夠理解你的感受，包括酗酒者成年子女協會（Adult Children of Alcoholics/Dysfunctional Families）、匿名戒酒會、亂倫生還者匿名會（Survivors of Incest Anonymous）或是共依存者匿名會（Co-Dependents Anonymous）等等。當然，如果跟父母相處要承擔身體受傷、持續受虐的風險，或是會讓你陷入脫離常軌的危機之中，你不會想要把你的受虐經驗重演一遍，讓同樣的事情發生在兒女身上，那不是走向原諒和憐憫的健康方式。

在自身與父母的人性之中，我們必須擔任彼此的見證者。假如我們有能力去觀察自己和他人，而且可以維持自己的個體性，跟他人保持完全分離，那麼我們便能允許自己接近父母，以便對他們了解得更深入一些。學學蕾斯莉，去拜訪認識你父母的人，他們知道你父母的故事，就算只知道一部分也好。他們可以見證你父母是什麼樣的人，見證他們的生活過得如何。如果可能的話，拜訪你父母的同輩團體、兄弟姊妹，或是小時候就認識你父母的朋友，或者在你這個年紀認識你父母的人，這些會是很有價值的線索，能幫助你從比較客觀的角度去看他們（不過要知道，每個人各有偏見和傷痛，只不過他們的偏見、傷痛跟你的不會一樣）。

我祖父在他生前的最後時日（當時他高齡九十八歲，而且還繼續開車），一直想跟他失聯已久的兒子見上一面，那是他四個孩子之中的老么——我的父親。他沒見到我父親，倒是見到我哥哥和我，以及我們的下一代，可是他並不認識我們。我祖父跟我父親在幾年前鬧翻了，就像我二十五歲時跟我父親鬧翻一樣，而我哥哥則是在更年輕的時候就跟我父親鬧翻。我父親有個習性，他會跟身邊最親近的人斷絕來往，一個接著一個，到最後，連一個知道他下落的人也沒有了。

我祖父的葬禮結束之後，我跟我父親的手足親人坐在一起，包括我父親唯一的姊姊，以及我伯父，他是年紀最大的哥哥，也是家族中最後一個跟我父親有聯繫的人，然而我父親曾經是個交遊廣闊的人。在我沒有詢問的情況下，他們兩人主動談起我父親從我們所有人的生命中消失，背後可能有什麼樣的原因。其一，他不想被人找到；其二，或許他的暴怒、悲痛和妄想已經攀升到讓他心智失常的程度。那是他們的說詞，不過對我卻有很大的幫助。在我很小的時候，這兩個跟我父親一起長大的人就認識我了，他們主動開口，試圖解釋這件一直困擾我們、讓我們百思不得其解的事，願意承認我生命裡的這件事是不對的，這一點讓我很安慰，他們是我的見證者。

也許有一天，我們也會被召喚去為身邊某個孩子的生命擔任見證者。我想到了一個姻親和他兩個年幼的兒子，當時一個五歲，一個八歲。這位親戚在我們家住了一、兩年的時間，他的兩個兒子會來我家，跟我的孩子們玩在一起，他們是表親關係。當這兩個小男孩的父母離了婚，事情遠遠不只是兩個大人各走各的路、共同擁有一對兒子，那簡直是一場情緒上的生死戰，父母之中的某一方永遠被逐出孩子的生命和社交圈。這兩個男孩長大之後，當他們為了自己，想從廣泛的角度知道父母之間究竟發生了什麼事，想進一步追問父親為什麼會永遠被驅逐出去時，我期盼有一天能見到他們。我很願意等著，願意放開心胸傾聽他們，而且如果他們想知道的話，我願意談談是什麼樣的事件、人物，永遠改變了他們的生命歷程。這些事情就是連續劇裡上演的情節，不過這也是真實的人生，是我的人生，也是你的人生。

療癒功課

1. 說說看你父親或母親是什麼樣的人？就當成你正在跟不認識你父親或母親的人談起他們。
2. 關於你的父親或母親，別人是怎麼說的？你有沒有發現過，跟你父母同輩的人是怎麼看你父母的？別人對你父親或母親的看法，跟你本身的經驗吻合嗎？或是有什麼不一樣的地方？
3. 如果你要客觀地觀察你的父母，摒除他們身為父親或母親的角色，你認為他們可能有哪些優點？他們為人處事的限制又是什麼？

4. 你比較像誰？像父親多一些，或是像母親多一些？你跟父親或母親有哪些相似的地方，又有哪些不一樣的地方？

5. 你父親或母親讓你對自己的哪一部分有負面的感覺，對哪一部分有正面的感覺？從父親或母親身上，你承襲到哪種負面的行為？哪種正面的行為？

6. 你的父母曾經讓你知道他們對人生有什麼希望或夢想嗎？你相不相信他們實現了任何夢想？如果是的話，那個夢想是什麼？如果不是的話，以你所能做到的最大了解，是什麼原因阻礙他們實現生命的希望？

7. 在你父母成長的歲月中，他們必須倚賴什麼人？是誰在引導他們、照顧他們？

8. 想想你父母的童年經歷，你對他們哪一部分的經歷感到同情嗎？

9. 你有沒有想過，你父母所受過的傷害，跟他們養育你的方式，兩者之間有任何關連嗎？

10. 由於我們對父母的生命了解得很有限，我們往往很難清楚地看見他們。我們需要別人當我們的見證人，把他們站在局外所看到的事情告訴我們。為了對你的父母有更深一層的了解，你會願意找哪個人談一談？

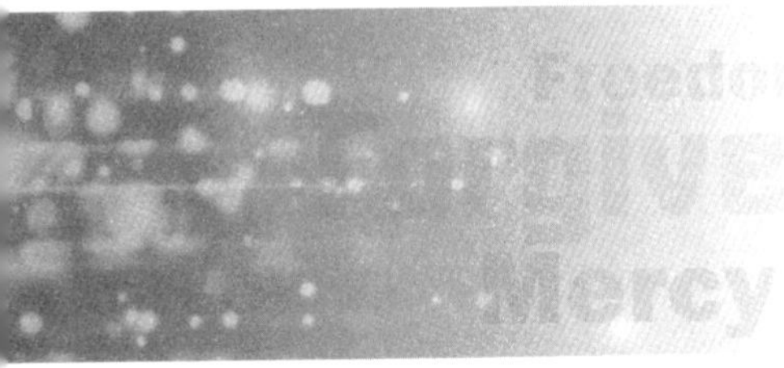

第四章

不可原諒的人，不肯原諒的人

弱者永遠無法原諒別人。原諒是強者才有的屬性。

——聖雄甘地（Mahatma Gandhi）

如果你沒停下腳步來看看路的另一邊，事情會變得怎麼樣？如果你連看都不看是誰躺在那裡，事情又會怎麼樣？一個擦身而過的人看起來如何，心裡的感受又是如何？在這一章中，我們即將跟著別人的腳步，看看他們繞過受傷的父母、連看都不看一眼之後，最終的結局會是怎麼回事。或許他們的故事能幫助我們做出抉擇。

有一次，我在廚房裡，跟一個年輕男子一同坐在桌旁，他手裡抱著我們家剛出生的小約克夏犬，向後靠著椅背，陶醉於愛狗之情。威廉一邊輕柔地撫摸小母犬，一邊跟我說他母親的事。

我忘不了眼前的強烈對比：他對狗兒那麼輕柔，而他所描述的母親卻完全相反。威廉說，他母親是個暴怒的女人，兒子們在家時，她會不斷對他們大吼大叫。如果他們把鞋子脫在門邊，或是車子洗得不乾淨，她就責備：「你們一點都不懂得感激我！沒有一件事情做得好！」如果有人打翻了蕃茄湯，她就尖叫起來。放學之後，他和兄弟們根本不敢把朋友帶回家裡。他們讀中學時，有一天回到家門前，看見門上釘了一張長長的清單，一路從門的上面延伸到下面。威廉說，他母親的行為很難預測，她的怒氣隨時會爆發出來，非常強烈、激動，而且往往夾帶著辱罵和貶損。

威廉說話的時候，我看到憤怒的情緒和傷痛在他臉上浮現出來，然後又歸於消失。最後，我問他要不要原諒母親。他聳了聳肩，臉上的線條僵硬起來：

我知道我們被要求應該原諒，不過我猜，我從來沒想過要原諒她。她就是那樣的人，我不在乎。我爸爸說，自從我出生之後，她就變了一個人，沒有人知道為什麼，也不知道事情是怎麼發生的。

我不在乎她怎麼變成後來的樣子，是什麼原因造成她性情轉變。我不在乎要不要原諒我媽媽，我就是不在乎。這樣的態度可能不好，不過我現在就是這樣。我搬出去住，結了婚，幾乎不再去看她。我對她再也不抱任何期望，我心裡已經不痛了，所以我不需要原諒她。現在我過著我自己的日子，住在這裡，想辦法忘掉從前的事。

到處都可以發現類似這樣的生命經歷——人們有很好的理由，從父親或母親的身旁撇身而過。我也在網路上看到這樣的故事：男子和女子對父母其中一方或雙方懷有怨恨，他們詳細描述父母的罪過，包括人們能料想到的所有狀況——遺棄、虐待、沉默、貧窮。有個男子形容他的父親是個「壞蛋」，在他年紀還小的時候就遺棄了他。這個父親後來生病住院，最後在醫院嚥下最後一口氣，做兒子的拒絕去看他，遺體也沒有人認領。他身為兒子，對自己的行為一點都不後悔，他父親「只不過是另一個可鄙、討人厭的老傢伙」。他是這麼形容的，他對那個人什麼都不虧欠。

那是個發文很熱絡的網站，可是沒有人留言說服他採取別的反應。

寫這一章的時候，我在安克拉治一家很熱門的餐廳跟我哥哥陶德碰面，一起吃午餐。我們很珍惜彼此的關係，年齡也很相近，出生時間只差了十八個月。以前放學之後，我們沒辦法邀請朋友到我們家來玩，所以我們彼此互當玩伴，合力蓋城堡，一起踢足球、打棒球，比賽伏地挺身和仰臥起坐。如今，我們已經在阿拉斯加成家立業，各自擁有六個孩子。雖然我們居住的地方相隔很遠，搭飛機要四百塊美元，不過我們盡可能分享彼此的生活。

我們一邊品嚐美味的海鮮濃湯，一邊聊起小時候吃的食物。「還記得那個雞肉嗎？」我們其中一人起了頭。噢，是呀，一個月才吃到一、兩次雞肉，那可是我們僅有的美味呢！我們的吃法是把雞肉啃得精光，剩下光禿禿的骨頭，然後把軟骨剁下來，吸出骨髓，再把骨頭比較軟的那一端嚼進肚子裡，直到嚼不動為止。我們對自己的孩子有相同的抱怨，他們吃雞肉時，老是浪費一大半的肉；我們兩人都承認，有時候會把孩子們吃剩的肉拿起來啃一啃。

然後我們又談到雞蛋。「你一天吃幾顆蛋？」我問陶德。我們會去附近的雞蛋農場，用二十五分錢買一打有裂縫的雞蛋，我母親一星期大概買個十打。中餐幾乎天天都是雞蛋三明治，有時候連晚餐也是雞蛋，兩頓正餐之間還是吃雞蛋，因為根本沒有什麼其他食物可吃。「還記得我們自己試做的芙蓉蛋嗎？把蛋跟發芽的黃豆煮在一起。」一談到這個回憶，我們不由自主地做了個鬼臉。想到那麼久遠以前的趣事，加上當年同甘共苦的人就陪在身邊，我們兩人都笑了起來。其他還有誰會知道，我們是從哪個地方一路走到今天的呢？不過，接著我們笑不出來了。

「上床時，我的肚子常常好餓。」陶德告訴我。

我點點頭，我也很餓。有幾年的時間，我們兩個人都去商店裡偷棒棒糖吃，只為了填補肚子的飢餓。這只是故事的一部分而已，另外一次我們聊到衣服。我們家自己做衣服，破了就補好，繼續給下一個人穿。我們一年只買得起一雙鞋，款式很醜，綁著咖啡色的鞋帶，看起來就像是男生穿的——可是我們家的女孩卻必須穿那種鞋——每年都引來同學的嘲笑。我讀中學的第一年時，只要有機會，就去特價商店偷便宜的衣服。我之所以甘冒危險，是為了掩飾自己異於常人，我想要打扮得跟別人看起來差不多。

電力公司威脅要切斷我們家的供電，接著是銀行威脅要收回我們的房子，這類的事情一再發生。貧窮真是一種恥辱啊！我家的故事是我爸爸一手造成的，他不肯去找一份做得來的工作，比如去工廠上班，那並不需要太多技術性的能力。我們很清楚他能做的工作不多，但至少他可以做些什麼，而不是花掉我們僅有的一點錢，開車繞著新英格蘭地區到處跑，卻什麼東西也賣不出去。

我們覺得忿忿不平、生氣、憤慨、怨恨。幾十年來，我們從他身旁走過，不看他一眼，根本連看都不想看。

我在網路上讀到另外一位女士的故事，她對兒女做了人們認為嚴重而有破壞性的行為，希望能獲得兒女的寬諒。性侵是她的故事情節之一，不受信任也是。直到她跟性侵者結束婚姻關係之前，性侵持續了一年的時間。現在，她的兒女都長大了，可是每個人都跟她斷絕來往，不肯讓她見到孫子、孫女。沒有一個兒女願意聽她說話，或是把她請求原諒的事放在心上，她感到絕望，怨恨和不原諒彷彿一座巨山，壓在她的胸口上，她不知道該如何是好，所以在網路上發文，請求大家幫忙。

這是一個得不到原諒的人所發出的聲音，可是她的懇求沒有得到任何同情，只有一個人提出回覆。回覆的人也是一位女士，以毫無節制的憤怒對她發出嚴厲的譴責，怒斥她竟然敢在一個討論原諒的網站上發言。這位回覆者間接提到自己被性侵的事，說那個母親「病了」，並且說做子女的永遠不會原諒這樣的母親。她的確如此留言，斬釘截鐵地說他們**應該**永遠不會原諒她。

一報還一報

我們往往認為原諒的代價非常高昂，卻沒有想到不原諒的代價又有多高，也沒有反觀自己變成了什麼樣的人。我們只顧著向父母索討債務，卻沒見到這件事給我們帶來了什麼。

有個朋友再一次打電話給我，談起她的父親。過去幾年來，我從她口中聽到許許多多的故事。儘管她早在十年前就離家，可是她對父親仍然有很深的怨恨。當她待在父親身邊時，只想趕快逃開。她告訴我，她父親是那種一踏進房間就把所有空氣吸光的人，他身邊的人只有喘氣的份。「跟那樣的男人生活在一起，每件事、每個人他都要掌控在手裡，你要怎麼長大？如果有任何一點事情讓他不順心，包括晚餐時牛奶潑灑出來，他就火山爆發——有時候他會大笑，但是你永遠不知道他的笑是什麼意思。」我知道她是怎麼熬過來的。她跟她弟弟學會要安靜地乖乖坐好，盡量躲在房間裡，以免引來父親的注意。直到現在，她依然很怕父親，難得回去看他。她的憤怒也流竄到母親身上，因為她沒有離開那樣的男人。

從她的話之中，我聽到許多痛苦和憤怒，但那一通電話其實不是關於她父親，而是關於她自己。她談到她的孤立感，沒辦法跟別人交上朋友，也談到她多麼努力把父母從她的生活排擠出去。電話講到後來，她的語調沉了下來，變得僵硬。她說：「我知道他們很想多跟孫子見面，可是他們根本不配。我總算有一些權力可以凌駕他們，這沒什麼好驕傲的，不過能給他們一點苦頭吃，讓我覺得有一些滿足感。現在輪到他們了！」

選擇不原諒父母，往往也意味著選擇報復和懲罰的形式，只不過程度大小強弱有別而已。我們都知道，凡是有代價，就應該要償付。我們覺得自己已經付過代價，現在要父母來償還，自以為做得很恰當，符合了全宇宙的公義天平。這一類的做法有很多，例如說出父母的秘密，拒絕提供支援，對父母置身事外、漠不關心，或是公然破壞他們的名聲。

我身為寫作老師，在學生身上也見到這樣的情況。他們在回憶性的文章中流露出尖銳的報復心，遣詞用字像是一把劍，對象往往是前任配偶——以及父母。在出版上市的自傳、回憶錄之中，我也讀到類似的故事，作者以奚落和爆料的口吻，把家人一刀刀削開，切成丁塊。這種算帳方式感覺上是合理的，甚至是正當的：**在我小的時候，你從來沒有為我做過這些；事到如今，我也不願意為你做那些事，一報還一報，聖經上不也說「以眼還眼」嗎？**

之所以要報復，最主要是為了減輕我們所受的痛苦——有時則是為了在出版界佔有一席之地。有位女士出版了一本書，詳細談論「如果理想先生變成爛情人」，人們可以用哪些各式各樣的方式來因應。有一本書在一九九八年出版，名為《女人的復仇書》（*The Woman's Book of Revenge*），得到的讚賞少之又少（在亞馬遜網站上只有五則顧客評論），不過這個作者的網站還繼續存在著，為「你內心最黑暗的報復幻想」提供靈感。

我能理解這樣的誘惑——我們都想報復。多數人都曾經在生命的某個關頭上，嘗試過報復的權力。這裡就以我自己為例，舉一個報復的例子。我在二十歲出頭的時候，跟岳父母、大伯、小叔一起住在阿拉斯加的一座小島上。我是在二十歲那一年結婚的，夫家在一座偏遠的小島上從事商業捕鮭的工作，那座小島鄰近科迪亞克島，面積只有四十英畝。無論是晴天、颳風或下雨，家裡的每個人都必須長時間在海上工作，那是很累人的工作，不過我婆婆汪達會準備超級豐盛的餐食作為犒賞，讓大家補充體力。早餐時，她經常供應炸馬鈴薯、自家烘焙的瑪芬蛋糕、雞蛋、水果、咖啡和果汁。

她的先生名字叫做德維特，也就是我的公公。我公公在早餐時間往往很準時，其他兩餐卻從來都不準時。他是全家的大家長，擁有許多迷人的特質，但在時間方面則不合格。我們的午餐差不多跟早餐一樣豐富，晚餐則簡單一些。聽到午餐或晚餐的開飯通知時，我公公會繼續忙手邊的事情，即使他明明知道，在他就座之前，我們絕不會先開動，可是他會等到手上的事情忙完了，才慢條斯理地走進屋裡，讓全家人眼巴巴地等他一個，而且每次幾乎都要等個十到三十分鐘，菜都涼了！大伙兒一直看錶，可是沒有人多說一句什麼——德維特看他自己的時鐘辦事。

有一天早上，德維特以誇張的動作宣布，他要親自做早餐！這可是一件破天荒的事。德維特跟他同一輩的許多男人一樣，從來不下廚，我從來沒見過他切一根蘿蔔，或是洗一個鍋子，所以這是個大消息。顯然他不太喜歡那天早上的炸馬鈴薯，所以他要自己動手做菜。隔天早上，德維特一大早就起床炸馬鈴薯，還加了很多洋蔥，那是他喜歡的作法。

他做早餐時，刻意表現得很賣力，而我則安排了另一項計畫。我受夠了他的用餐態度總是「等我高興了，我才出現」，決定讓他嘗嘗別人拖拉時間的苦頭。我在島上走了幾回，到其他家人的屋子裡拜訪，把相同的訊息傳給每一個人：「當他喊你吃早餐時，至少等個十分鐘再出門，只要待在房子裡就行，隨便你高興做什麼都好。」他們都斜眼看著我——這擺明了是要造反呀！不過大家同樣也受不了他不替人設想的習慣，所以都同意了。

兩大鍋馬鈴薯終於炸好了，他興高采烈、滿懷期盼地喊大家來吃早餐，但是每個人都信守承諾，沒有馬上過去用餐。我坐在我自己的廚房裡，看著時間一分一秒消逝，心裡揣想著預期中的事：這下子，德維特終於知道等人是什麼滋味了吧！可是每一分、每一秒都過得沉重難耐，一點也沒有大快人心的感覺。我終於按耐不住，走出自家的門，往他們的屋子走去，而且是抄兩家之間最短的捷徑，快步如飛。當我到達那裡時，其他一些人也剛剛才到。我們大概晚了十分鐘才出現，德維特的情緒顯然受到折磨，很不高興我們沒有在他喊開飯的時候立刻過來。

那一頓飯從頭到尾吃得很掃興，他心裡期待被稱讚，卻落了空。我吃了一堆帶有內疚滋味的炸馬鈴薯，用報復的心情吞進肚子裡，吃得很不開心。用餐之後的餘味更糟糕——那是一種不尋常的苦味，不論是喝水、喝牛奶或任何飲料，都沒辦法沖淡那個味道。事情沒有產生任何轉變，開飯前我們依然要等候，一如往常。這次的冒險突擊回到了原點——例外的是，我知道以後我再也不會故意報復別人了。

不原諒的困局

說到不肯原諒，讓我們回過頭來看看約拿（約納）的後續發展。上次我們講到，約拿沒有落腳在堅實的土地上，而是被困住了——被困在一條大魚的肚子裡面，像是一個囊腫似的。無論你怎麼看待這個故事，把它看成帶有言外之意的幻想式寓言也好，當成是一樁事實也罷，約拿帶給我們一件至關重要的啟示。

在魚肚子裡的三天三夜期間，約拿有所領悟，心態產生了轉變。他向神求救：「拜無益偶像的人，已經放棄了對祢的忠信。但是我要歌頌祢；我要向祢獻上牲祭，償還一切所許的願。救恩只有從上主而來！」（約拿書 2:8-9）就在那一刻，大魚把他吐了出來，讓他落在乾地上。

之後，儘管約拿心裡不情願，但他仍然前往尼尼微城，宣講神要他傳達的旨意：「再過四十天，尼尼微城要被毀滅了！」（3:4）我可以想像，當他宣道時，說話說得有氣無力，一副令人難以信服的模樣。沒想到，最不可能的事情竟然發生了！城裡的每個人，從地位低下的僕人到高高在上的國王，每個人都相信他所說的話。他們懺悔自己的罪行，遵循國王在絕望之下所頒佈的命令：每個人快快披上麻布（服喪的衣物），「停止邪惡的行為」、「懇切地向上帝祈禱」。國王的命令寫道：「也許上帝會因此改變祂的心意，不再發怒，我們就不至於滅亡。」（3:3-9）

異教國王的祈禱果真應驗了。神看到他們的懺悔，對他們滿懷惻隱之情，原本威脅要覆滅他們，如今心軟下來。我們的約拿氣得火冒三丈。「我早就知道祢會這樣！」他對神說：「在我離開家鄉以前，我不是說祢一定會這樣做嗎？」他繼續說：「我知道祢是慈悲憐憫的神。祢不輕易發怒，滿有仁慈，常改變心意不懲罰人。」（4:2）你聽見他對神怒吼的話嗎？他說：「我知道祢是慈悲憐憫、胸懷仁慈的神！」是的，當神的憐憫轉而落在你最痛恨的敵人身上，那份憐憫反倒引起了憤怒。約拿對神的諷刺是這樣結尾的：「讓我死吧！我死了比活著還好！」（4:3）我知道他心裡沒說出口的後半句話是：**比活在敵人不必還債、還能輕鬆脫罪的世界還好**。

你聽到了嗎？約拿彷彿在說：「**神啊，祢在做什麼？你不能這樣治理這個世界啊！**」

當然，約拿忘記了，他自己也曾經領受過神的慈愛和憐憫。事實上，就在先前的幾天之內，神已經救了他兩次，一次是在即將沉沒的船上，一次是在他快要淹死的時候。約拿到敵人的街上去宣道時，神同樣也保護著他，否則，執行那樣的任務卻能全身而退，機會有多少呢？約拿樂於領受神對**他個人**的全然憐憫——但是他認為要有限度，神的寬容和原諒應該只降臨在像他一樣的好人身上。即使尼尼微城的人民已經不再崇拜他們原來的偶像，約拿卻依然不願意把神的恩典分享給他們。

神沒有保持沉默，祂質問約拿：「你憑甚麼這樣生氣呢？」（4:4）故事到這裡可以結束了。儘管我們不樂見約拿這種自私的態度，不過事情已經有解了：尼尼微城的人民懺悔罪過，而神對他們大發慈悲。這則故事的情節轉折已經夠多了——大鯨魚那一段更不用說，可是接下來還有一個轉折，牽涉到一棵植物和一條蟲。

跟神一來一往的對話結束之後，約拿愁眉苦臉地走上城東的海岬，在那裡搭了一個帳棚。他心裡還有一個微小但強烈的希望——但願神大發慈悲的心意能回轉過來，照舊把尼尼微城摧毀掉！他坐下來，等著看會發生什麼事，滿心盼望著。沒想到，太陽的熱氣很毒辣，讓他難受極了。神仁慈地種下一株植物，讓約拿有樹蔭可以遮涼，約拿很高興這棵樹成為他的遮蔭處。可是隔天，神派了一條蟲，把樹咬死了。

約拿失去了遮蔭，覺得快熱昏了。對他而言，這是駱駝背上的最後一根稻草。他所鄙視的人還活得好好的，更可怕的是，他們還變得謙遜起來，有悔改之心。不光如此，他在整片土地上所喜愛的東西——那棵為他遮蔭的樹——竟然死了，而他痛恨的敵人卻活得好好的，一片興盛繁榮。面對這樣的不公義、不公平，他氣得想要死了算了。

但是神說：「你雖然沒有栽種這棵樹，也沒有使它生長，你還為它感到可惜。這棵樹在一夜之間長大，第二天就枯死了。那麼，我不是更應該憐憫尼尼微這座大城嗎？畢竟在這城裏有十二萬個連左右手都分不清的人，並且還有許多牲畜呢！」1

這就是結局。神為這整個奇幻曲折的故事做了總結，祂提出一項詢問：「我不是更應該憐憫……」約拿關心一棵藤樹，卻不在意整座城市的居民，他從來不把他們當成人類同胞，不認為他們應當得到憐憫。他的心腸堅硬如鐵，反對他們——女人、男孩、老人、小女孩、老奶奶、為人父母者——他從來不把他們看成應當獲得慈愛的同胞，而他自己卻已經一再地領受過神的慈愛。憤怒侵蝕了約拿的心，他盲目到不能贊同別人領受他自己曾經領受過的：以恩典取代審判。他的仇怒高漲無比，以致他想要完完全全擺脫這回事，不光是單純擺脫先知的身分而已，而是連活命都不要了。與其活在一個惡人被原諒的世界裡，他寧願死了算了。

你看見他了嗎？他變成了什麼樣的人？一位神的先知，在樹下氣得吹鬍子瞪眼，巴不得十二萬人死亡。他被自己的仇恨包圍、囚禁起來了，一如他被困在大魚的肚子裡。

約拿完全搞錯了。原本他被賜予一個絕佳的機會，可以看見神的心。那是賜予生命的神，而非令人死亡的神，那是對敵人以愛對待的神。可是約拿不願意、也看不見神是以多麼浩瀚的視野和心意來看待尼尼微城的人民，甚至是動物，他被侷限在他自己創造出來的窄小世界裡。在他的世界中，每個人只配得到他們應得的東西——除了他自己。

耶魯大學教授米洛斯拉夫．沃弗（Miroslav Volf）在他的著作《白白捨去：在恩典被剝奪的世界中繼續給予，繼續饒恕》（*Free of Charge: Giving and Forgiving in a World Stripped of Grace*）警示我們：「為了征服邪惡而強制執行公義的話，必定會遇到一種危險，那便是：我們自己可能『被邪惡征服了』……報復會讓邪惡倍增……發出毀滅世界的威脅。」[2]

1 〈約拿書〉四章十至十一節。

2 Miroslav Volf, *Free of Charge: Giving and Forgiving in a World Stripped of Grace* (Grand Rapids: Zondervan, 2005), 160–61.

克林．伊斯威特（Clint Eastwood）的電影「殺無赦」（Unforgiven）讓我們看到這樣的世界。「殺無赦」獲得四座奧斯卡金像獎，包括一九九二年的最佳影片獎。這是一部西部片，故事地點發生在大威士忌（Big Whiskey）這個偏遠小鎮。電影情節從一家妓院開始發展，一名爆怒的酒客割傷了妓女黛莉拉的臉，引發了一連串潮水般的事件。黛莉拉的臉蛋和生計毀於一旦，可是鎮上的警長只要求兇手賠償幾匹馬就草草了事。妓院裡的四個女人不甘心受到侮辱，對這件不公的事怒氣難消，便集資一千元，懸賞殺手去取兇手戴維的命。

由於一個殘酷的行動，我們突然走進一個被報復所驅使的世界，那裡的每一筆帳都算得很嚴密。黛莉拉沒辦法再接客了，妓院的老闆也因為少了黛莉拉的交易而損失大筆金錢。為了那份賞金，威廉．莫尼（伊斯威特飾演）緊追在戴維後面，而鎮上的治安官小比爾．達格特則握有莫尼的案底。每個人都有一筆債要還，每個人都在記帳。一位緊迫盯人的傳記作家來到那座小鎮，他隨身帶著筆記本，記下誰在什麼時間、什麼地點，用什麼方式殺了什麼人。傳記作家到來之後，所有的帳目更加清楚分明了。至於舊事爛帳，誰的記錄比較可靠呢？那是永遠也講不清的事，不過其實也無關緊要，各方人馬都知道讓事情公平正確的唯一辦法：誰虧欠了我，誰就得死！

隨著報復行動逐漸展開，每個人物的人性越來越少，而死傷人數則逐漸增加，絲毫沒有無辜或損失的道理可言。戴維被殺的那天晚上，帶頭籌募賞金的愛莉絲歡呼出聲：「他終於得到教訓了！他們也得到教訓了！」槍殺戴維的人是斯科菲爾德小子，莫尼的死黨。他驚恐萬分，為自己所犯的第一樁兇殺案辯解：「很好，我猜他得到教訓了。」莫尼則喃喃地回應：「我們也都得到教訓了。」

莫尼的唯一好友內德被殺了，那是治安官達格特的人馬為了報復而下的手。他們把內德的屍體放在一個直立的棺木裡，故意向莫尼挑釁。果然，莫尼像一陣風似地衝進鎮上，趕往沙龍，先殺了妓院的老闆，之後和達格特對上了。這兩個男人在屋裡開槍射擊了一陣，意外打中旁觀的人。最後，達格特終於倒了下來，奄奄一息，莫尼站在他的上方俯看著他，準備一槍送他上路。達格特咆哮說：「我不該是這個結局，就這樣死去……我在地獄等你，威廉．莫尼。」「沒問題！」莫尼也吼叫回去。

電影結束之後，我們知道我們曾經到過那裡，那裡的每個人都把別人的過錯記在帳上，但是所記的帳卻不準確、靠不住。那個世界裡的每一項行動都會遭到報復，不是一報還一報，不是以眼還眼、以牙還牙，而是以一條腿還一隻眼，以一條命還一顆牙。每個人都付出了代價，沒有人肯原諒別人，沒有人得到原諒，人人都被宣判有罪，罪該萬死，沒有人能夠逃脫得了。

「殺無赦」不單單只是一部電影而已。幾年前，我到一個女子靜修院演講，講畢之後，一位年老的女士走到我面前，眼中含著淚水。她說：「我不想原諒我父親，我的童年受夠了他的凌虐。直到現在，我還是很恨他，我不想原諒他。」她看著我的眼神帶有反抗和辯護的力量。接著她又說：「我該怎麼辦？」我近距離地注視她，她一輩子都帶著恨意在過活，大約有七十五年了。

我們可以選擇繼續活在這樣的世界裡……

我實在是氣得不得了，但願我死了才好。
你不配得到原諒。
我不在乎原諒我母親。
我父親只不過是另一個又髒又討人厭的老傢伙。
他終於得到教訓了！他們全都得到教訓了！

……或者，我們可以選擇停下來，讓心自由。

吉兒博士的講解

這樣的話常常可以聽到：「他們不配得到我的原諒。」、「我做不到，我也不願意……」、「我不想原諒他們。」

某些時候，堅持不原諒是我們跟某個人之間唯一的連結，而且我們認為，如果神和其他人要看出那個人的過錯，唯一的辦法是目睹我們所受的苦，我們的抗議是唯一存在的帳本。用另一個比喻來說，「不肯原諒」好比是一條絲線，把受創的雙方縫在一起，這樣總比什麼連結都沒有還好。把別人的過錯記在帳上，可以確保我們有生氣、痛苦、憤恨不滿和報復的權利。

由於骨子裡想要引發一些衝擊或改變，我們盼望能報復對方。復仇的幻想有如白日夢，不斷在心中重複翻騰、播放；到了半夜，滿載焦慮的恨意蠢蠢欲動。一旦付諸行動之後，要不是完全失敗、看起來荒唐可笑，再不然就是事態變得更糟，報復行動以走樣收場，結果一些真正的受害人卻必須去坐牢。不幸的是，不公義從來就不把人當一回事，被煽動起來的人類情緒也是一樣，不把人當人看。

我們**的確有憤怒的權利**。事實上，我們必須感到憤怒，才能促使自己進一步走上原諒之路。人們必須觸碰到心中的憤怒，才能獲得力量，走出幼稚、受害的模式，讓自己願意忍受面對現實的掙扎。憤怒是控訴過程的一個逗點，我們只是暫停腳步而已，那不是停下腳步的最後句點。在否認、幻想、沮喪、受害的過程中，受到激發而產生能量是有必要的。我們有理由捍衛合理的憤怒，那是有益的。在某個程度上，我們可以獲得合理憤怒的最大益處。不過，到達那個點之後，如果我們還繼續抗議下去而不知節制，那麼我們很可能會演變成自己原本所討厭的那種人。

憤怒在治療上有重要的作用，出問題的癥結其實是長期不肯原諒背後的痛苦、怨恨和報復之心。情緒健康和情緒失調、心智健全和心智失常，兩者之間的差別往往不是取決於一個人的心裡在想什麼、有什麼感覺，而是取決於當事人採取什麼樣的行動。當我們存有報復之心時，很難靜靜等候神採取行動，尤其是當我們看到邪惡的一方興盛快活時，那更是難上加難。至於對敵人抱持憐憫之心，也同樣難如登天——永遠連想都別想！那樣的話，誰會知道他們做了什麼呢？誰又會看見我們所受的苦？為什麼我們沒有獲得應得的公義？

關於「原諒」，大衛．史都普（David Stoop）博士一直是這方面的專家，他是我的朋友、心理學界的同事，我也跟他一起搭檔主持電台節目。他有一本著作，書名是《原諒不可原諒的人》（*Forgiving the Unforgivable*）。他在書中強調：「原諒總是涉及生命的道德面。」當某個人對我們做了不恰當的事，我們被撕裂成兩半，一半是我們對公正公平、是非曲直所抱持的價值觀，「另一半則堅持對那個人懷抱愛意，對他的困境感到憐憫，想要寬容地對待他」。這是一道兩難的習題，無論選擇任何一邊，我們都覺得彷彿遺棄了另外一邊，問題是，單單擁有任何一邊都無法讓人心滿意足。這是個亙古以來的矛盾難題，兩個看起來相反的價值觀必須共存，兼容並蓄。

約拿為了這個矛盾掙扎過，我們也是一樣。我們的仇恨跟約拿相似嗎？如果對我們作惡的人太早得到原諒，要到何時他們才會嘗到苦果，如同我們在他們手上吃盡苦頭那般？我們想證明自己是無辜的，我們要所有人都明白這一點。在許多方面，我們發現自己站在屋頂上大聲呼喊，可是我們的父母怎麼都看不見、不知情？在生下我們之前，他們為什麼不先把自己的問題處理好？

我們之中有許多人信仰神、信服神所說的話，有些人在教會擔任領導者，大多數人則認為自己對別人懷有愛與關懷，所以要做到原諒應該容易得多。可是有時候，我們的心太過針鋒相對、太過嚴苛，只要一想到那個加害人，五臟六腑就翻騰起來，身體和心靈都自主不了。從痛苦之中產生出來的仇恨，可能讓我們有正面的感覺——感覺自己好像權力在握，不過那是不恰當的權力，會產生虛假的自我保護感，就像一看見突如其來的闖入者，就立刻拿槍瞄準對方。我們以為自己被武器拯救了，其實槍口卻往往反過來瞄準自己，我們反而是那個被子彈打中的人。

根據「歸因理論」，我們很擅長在感到受傷、被侵犯時，把別人的錯誤加以放大，而且把對方的中性行為解讀成不懷好意。相反地，我們傾向於把自己「意外」犯錯所帶來的衝擊與影響縮到最小，以自命清高的居心去辯護自己的行為，無論這個居心是否具體化。這樣的對比反映出一點，我們其實沒有能力把自己的好壞兩面跟他人的好壞兩面完全整合起來——就發展歷程而言，這樣的能力正是一個人邁向成熟的里程碑。

當你承受了別人所造下的許多「惡」，你跟對方身上任何善行之間的間距似乎就變得很大、很深，看不見有橋樑相通。我們所有人都是約拿的翻版，在不肯原諒別人的心態下，懷疑自己是否有能力、有意願去搭建「原諒之橋」。「原諒之橋」可以為我們帶來恩典，讓我們看見：對我們造惡的那個人，善與惡同時並存在他的身上。

療癒功課

1. 在你的世界裡，誰是尼尼微城的人民？在你的生命中，誰是惡人中的惡人？這裡所說的邪惡之人，是指他們曾經傷害你和你所愛的人，而且當你的生命因為他們的破壞而受苦時，他們卻活得興盛快活。

2. 約拿得到一棵樹的遮蔭和保護。在你的生命中，為你遮蔭的樹代表了什麼？

3. 哪個人或哪樣東西像那條「蟲」一樣，剝奪了你認為你理所應得的一些好處？接下來你怎麼做，結果卻是讓自己繼續受害，而不是反擊回去？

4. 你怎麼表達你的合情合理的感覺？跟你的生命最親近的那些人，會不會認為你現在是一個憤怒、怨恨、不肯原諒的人？如果是的話，為什麼？如果不是的話，即使你不常表現出憤怒、怨恨或痛苦的樣子，他們對於你的憤怒、怨恨或痛苦是怎麼說的？

5. 把約拿的生命樣貌和世界觀套在你自己身上，針對你的態度進行一次祈禱。你有在自己身上看到約拿的哪一種態度嗎？如果有的話，你怎麼看出來的？花一點時間說說這件事。

6. 在堅持不肯原諒別人的過程中，你得到了什麼嗎？

7. 在堅持憤怒、痛苦或怨恨的過程中，你失去了什麼嗎？你可以說說看，放下不肯原諒的心能帶來什麼好處嗎？

8. 讀讀〈詩篇〉（聖詠）一三九章十九至廿四節，並且重讀〈馬太福音〉（瑪竇福音）五章四十三至四十八節。這些經文是否印證了你對那些傷害你的人所抱持的情緒？對於曾經傷害你的人，你懷著強烈的情緒。要怎麼處理這些強烈的情緒，經文都說了什麼？

9. 對於曾經傷害過你的人，你有沒有放下憤怒、痛苦和怨恨的經驗？如果有的話，你是怎麼做到的？你認為有哪些比較健康的方法可以讓你熬過強烈的情緒呢？

10. 在你所受到的傷害之中，驕傲扮演了什麼角色嗎？對於那個你不願意原諒的人，你心裡有沒有任何念頭想要繼續跟他維持關係？

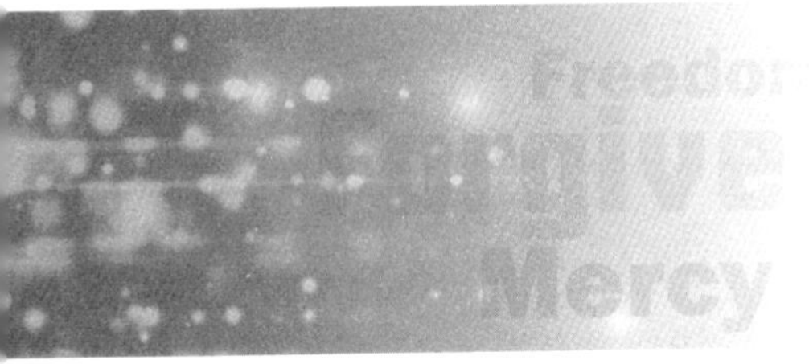

第五章　原諒之心從何而來

當一個基督徒，意味著要原諒不可原諒的人，因為神已經饒恕了你不可原諒的地方。

——C.S. 路易斯（C.S. Lewis）

下午三點整，康復中心的冰淇淋小鋪開始營業了。康復中心到處貼了海報，廣告「冰淇淋社交」時間，我父親當然知道這件事，冰淇淋可是他生命中的一大樂事呢！我幫他把輪椅推到氣氛愉快的大廳，那裡有精心裝飾的捲紋鐵椅，桌面上鋪著紅色塑膠格布。櫃臺後面有一個體型龐大、身穿藍衣的女人，她百般無聊，等待顧客上門。

大廳裡有個女孩，是個罹患唐氏症的年輕小姐，正在全心全意地享受冰淇淋，我們進去時，她的頭連抬也沒抬。角落裡，有個母親正在跟女兒大聲說話。儘管一切看起來很尋常，我很快發現到，這個冰淇淋小鋪跟康復中心是連成一氣的，他們知道我的父親霍華德．里蘭只能吃一球無糖的香草冰淇淋，搭配兩匙無糖的巧克力漿。接過發泡膠製成的冰淇淋杯時，我笑了出來，順便又點了一份一模一樣的冰淇淋給自己。

我和父親坐下來，一起吃冰淇淋。我們使用相同的杯子，品嚐相同口味的冰淇淋，相同口味的巧克力漿，就只有我父親和我兩個人。我們沒說話，我跟隨他緩慢的步調，慢條斯理地吃著。

快吃完時，一個我沒見過的高大男人從我們後方出現，推著輪椅滑到櫃臺前。

「我還要吃冰淇淋。」

「很對不起，強森先生，你不能再多吃了。」

「我剛剛只吃了一球而已，我還要再吃！」他的聲音拔高起來。我看不見他的臉，只能看見他光禿禿的頭和脖子。他穿著短領的衣服，頭部和脖子都脹紅了。

「不行，很對不起，你不能再多吃，就這樣了。冰淇淋店要打烊了。」那個女人語氣平和，可是一點都不妥協。

「我還要吃冰淇淋！」他大吼起來，拳頭打在輪椅上。

「就這樣了，強森先生，你不能再多吃了。」顯然這樣的場面上演過很多次了，她用單調的口吻回應著，一方面安撫他，一方面又堅持不能多給。

他生氣極了，用細瘦的手臂撐住全身的重量，努力要站起來，一邊吵著：「我還要吃冰淇淋！」他不死心，大聲吼叫起來。

那女人用哀傷的神情看著他，搖搖頭。那個男人終於放棄了，跌坐到輪椅裡面，氣得頭頂冒煙，嘴裡咒罵著，慢慢離開了冰淇淋小鋪。

我和父親看著眼前發生的事，兩個人都沉默不言。一個同住者試圖打破規範，試圖掙脫輪椅，掙脫軀體牢籠。一個成年人，磨練過六十五年的生命歲月，卻沒辦法多吃一球冰淇淋，吼叫或威脅都達不到目的，什麼也別想多要。我父親是對的，這是個恐怖的地方。你來到這裡時，不僅僅是失去了大腦的局部功能，以及相關的身體局部功能，更糟糕的是，你能做的事、被允許的事都非常有限，落到無助的下場。隨著年華老去，我們失去的東西越來越多，被偷走的東西也越來越多，看來所剩無幾，真叫人生氣！或許，我們每個人都應該生氣！我想起了狄蘭・托馬斯（Dylan Thomas）的著名作品《別溫馴地步入美好的夜》（*Do Not Go Gentle Into that Good Night*）以及他的詩句：「憤怒，憤怒地抗拒瀕死光焰。」[1] 如果我們夠幸運，活得夠久，最終得到的只是虛弱。在邁向虛弱的旅程中，我們一路上失去許多東西：朋友、工作、小孩，或許還有婚姻。許多人不只是失去而已，他們甚至忘卻了美好生活的夢想，忘卻了從來沒有具體實現過的夢想。

可是，這裡要說的故事，並非一一列出我們失去的所有東西，那不是故事的全貌。

我仔細端詳坐在我兩呎之外的父親，他沒有看我，只顧著吃冰淇淋，彷彿我根本不在他眼前似地。我不知道他心裡有什麼擔心的事，不知道那個下午他是否正過著他所擔心的生活：被困在一所康復中心裡面，認識的人連一個都沒有。如果他夠幸運，能夠畢業，他就能回到護理之家的房間去。難道，有誰夢想在護理之家結束一生嗎？不過，他再也不是孤伶伶的一個人了，他的兒女已經找到他。

最溫柔的心

對我而言，人生已經過了一大半，我越來越了解到，我的生命故事不是由我眼前的男人下筆編寫的，而是早就由另一個人寫好了。畢竟，我之所以決定來到這個康復中心，是因為某一個故事的緣故。我所認識、早已深入原諒之路的人們，也都知道那個故事，那是我所知道最溫柔、最真實的故事。你可能聽過這個故事了，現在，就讓我們來把這個故事[2]再說一遍：

有個父親生了兩個兒子，兩個兒子都跟他一起為家族事業打拼。他們的事業蓬勃發展，賺了大錢，家裡雇了一批佣人。對所有人而言，這真是美好的生活！可是，小兒子已經厭倦了被父親約束的生活，他不想住在父親的房子裡，一心想要搬出去，擺脫這一切，遠離家族事業、家庭，也遠離父親的權威。他想去遙遠的城市過日子，他聽說過很多有關那個城市的事情，在那裡他才能隨心所欲，想做什麼就做什麼。這件事情他放在心裡，不敢說出來。幾個月之後，他終於鼓起勇氣，去到父親的跟前：

「父親，我知道你過世時，會把屬於我的那份遺產給我，但是，現在我就要。那份遺產本來就是我的，為什麼我應該等到以後才享用？現在我就要那筆錢，趁現在我還年輕，需要用錢。」

父親明白這個要求是什麼意思，他知道小兒子認為他最好死了，他也知道那筆錢會

1 Dylan Thomas, *The Poems of Dylan Thomas*, Daniel Jones, ed., rev. ed. (New York: New Directions, 2003), 162.
2 接下來的故事是由〈路加福音〉十五章十一至卅二節改寫而來。

被他揮霍掉。他既驚訝又痛心，身體顫抖起來，不過他還是保證會做到小兒子的要求，放手讓他去。隔天，他的小兒子就離開了。

這種冒犯的行為違反了所有人情事理，甚至也違反了法律，多數的父親，或許應該說所有的父親，都會對這種兒子震怒到痛心疾首，不堪打擊。他擁有父親給予的一切，完整的生活、衣食充裕、一份好工作、家庭、安全感、慈愛的雙親，他什麼都不缺啊！他甚至也不缺自由，只要開口，行動上保證能自由不受拘束。任何一個當父親的正常人，應該會一巴掌打在兒子臉上，一腳把他踢出家門，滿口咒罵，把兒子的名字從遺囑上完全抽掉，可是，這位父親卻沒有這麼做。他讓兒子離開，帶走充足的生活所需。他替兒子的未來所準備的一切、兒子會用到的所有東西，全部讓他帶走了，一切已經掌握在他手裡。那是他的兒子啊！他記得兒子出生的那一天，想著昔日的種種光景。晚上他給兒子說故事時，兒子的眼睛睜得大大的，看著他講故事；還有，兒子生日那天，他為兒子準備最愛吃的食物……

他努力維持事業，可是兒子不在身邊，他整天憂心忡忡。每一天，他花幾小時的時間凝望盤山而過的那條路，仔細打量每個路過的人，尋找熟悉的步伐、兒子走路時雙手晃動的特別模樣、兒子的大腳丫。

可是，做兒子的從來沒想過父親一絲一毫。對他而言，父親的家像是一座牢籠，他在牢籠裡想像過許多奇特的情景：熱鬧的宴會、上等的好酒、美食大餐、昂貴的進口服飾、駿馬、賭博、妓女，如今他的心願一一得到滿足了。沒多久，他散盡錢財，身無分文。口袋空空的他失去了一切，連吃的食物都沒有了。

不巧，大地面臨飢荒，這個年輕人找不到工作，只能跟泥豬為伍。他餵養豬隻，可是沒有人施捨一口食物給他。他徹底地喪失了自己，沒有人把他當人來看待，跟他簽契約的人對他完全不聞不問。

飢餓、窮困煎熬著他。他想起了父親的家，想起父親的好。即使是下人，父親也會善加對待，讓他們三餐都有溫飽！

為什麼當初他要離開？從前他認為父親是個嚴酷的人，管東管西的，可是現在他才知道，父親跟養豬場的老闆有多麼不同，跟那些看在錢的分上而跟他來往的人有多麼不同！父親對每個人都慷慨，連對下人也是，對兩個兒子更是出手大方！

然而，這個任性的人再也沒有權利自稱是兒子了，他要求拿走遺產，早就放棄做兒子的權利了。他萬念俱灰，只剩下一個盼望：或許，他父親願意把他當成一個下人來收留。他知道，那是他自己應得的下場。

與此同時，這位父親再也無法忍受兒子遠在千里之外。有一天，他發現自己走在路上，幾乎是在不知不覺的情況下去到那裡，雙腳朝向兒子所在的遙遠國度走去，心裡卻是欣慰的。擱下事業是不合理的舉動，但是他克制不了自己。他的所作所為不像任何一位父親，他放下身段，一路奔波，希望為時不晚，希望兒子還活在人世，平安健康。他盼望小偷、叛徒、無意關心他兒子的市井男女們，不要欺負他兒子是個天真無知的人。

有一天，他走了一段路，看到一個人影。他凝神細看，認出了那人的身形輪廓……果真如他所願嗎？

是他的兒子！

這位父親沒有昂首闊步走上前去，而是伸出雙臂，撲身向前，呼喚出來。當父親終於拉住兒子，在兒子還來不及開口道歉、來不及為自己厚顏愚昧的行為表示悔恨之前，父親的雙臂已經抱住了他。

兒子突然被抱住，對父親的激情不知該怎麼反應才好，但是他知道，在長途跋涉回家的路上，他必須開口，把話說出來。

「父親，我做錯了！我徹徹底底做錯了！我違背了您，也違背了神，我毀了自己的一生，我再也不配當您的兒子。但是，求求您，至少收容我當您的僕人。」

這是他說過最真實、最真誠的話，可是他父親對自食惡果這回事絲毫沒放在心上，他看到的是兒子的深切悔悟。兒子的要求可說是合情合理的，可是當他們一回到家裡，父親非但沒把他當下人看待，反而以急切的口氣對僕人說：「動作快！把我最好的袍子拿過來，讓我兒子穿上！把我那個特別的戒指拿過來，給我兒子戴在手上！快拿鞋子給他穿！最肥的那頭小牛拉去宰了，今晚要大大慶祝一番。我的兒子之前死了，現在他又活過來；他曾經迷失，不過現在被找回來了。」

這樣的父親是什麼人？他不像我所知道的任何一位父親，因為那位父親就是神本人。我們所擁有的，就是這樣的神。祂跑上前去，歡迎兒女回家，原諒兒女的過錯。我已經走過這條回家之路，現在才能來到康復中心，跟在父親後面，坐在他的身旁，陪他吃冰淇淋。

被找到的人

剛剛所說的故事，場面真是令人欣喜若狂啊！我們以為故事到此就結束了，不過，後面其實還有幾個未完的情節。

那位父親的另一個兒子，也就是他的長子，過去幾年來一直追隨在父親身邊。父親為他離家遠走的弟弟舉辦宴會，可是他不願意去參加。他對父親和不成材的弟弟同樣感到生氣，他氣父親竟然原諒了弟弟，還讓他恢復了從前的一切。真是僥倖啊，那傢伙根本不配！他一直屈居在父親的管理之下，卻從來沒有人為他舉辦宴會！父親真是不公平，不懂得感謝！

就像約拿（約納）一樣，這個長子不能忍受父親對其他人心存憐憫—他的心是盲目的，忘了他自己所得到的一切。

父親走到他身邊，提醒他別忘了自己是誰，也別忘了他已經得到的賜予：「兒啊！」父親說：「你一直在我身邊，我所擁有的一切，也都是你的！」

這話不也是在說我們嗎？的的確確，說的**正是**我們，以及神——天上的父！無論我們是穿金戴銀，或是窮困潦倒，不管我們是離家而去的那一個，或是留在家裡而滿心憤慨的那一個，就某方面而言，我們都反叛了天父的家。

我確定，故事裡的父親同樣也原諒了大兒子。不過，我們就是這樣的人，大部分的人都是。或多或少的程度上，我們堅持拿到自認屬於我們的東西，然後轉身遠走——去阿拉斯加，去隔壁的房間。我們想在那裡打造屬於自己的生活，擺脫父母或權威。「我們都像一群迷失的羊，各走自己的路。」（以賽亞書／依撒意亞 53:6）

這就是我們真實的情形。我們所有人都必須請求原諒，因為我們都曾經反叛天父，走自己的路，也都曾經以各式各樣的方法去利用別人、濫用別人。關於「罪」，尤金・畢德生有這樣的描述：

> 罪是反天賦、反個人的，它斷絕、破壞了生命與生命之間的關係。我們並非接受，而是強取；我們認定不喜歡盤子裡要給我們吃的麵包，隨手扔在地上，卻伸手去搶妹妹的冰淇淋。在恩典的世界裡，講求的是個人發自內心的謙恭請求和感恩領受，但是這樣的世界被拋在一邊，取而代之的是一個使人性弱化的世界，講求的是操縱、暴力、功效、控制……這樣的事情我們做了很多，所以我們必須請求原諒。[3]

我們從別人身上拿走想要的東西，從神身上拿走的東西甚至更多。我們不斷拿取，直到自己在生活中完全取代了神的地位。多數人想要的不就是這樣嗎？——成為自己的主宰。即使我們自己所設的規則導致毀滅和絕望，我們可能依然執迷不悟，繼續走下去。可是天父為我們的反叛承擔代價，緊緊跟在我們後面，祂渴望我們回頭，在我們後面急急追趕。當我們遠走高飛，後來轉頭往回家的路上走，天父看著我們，滿腔熱情地

3 Eugene H. Peterson, *Tell It Slant: A Conversation on the Language of Jesus in His Stories and Prayers* (Grand Rapids: Wm. B. Eerdmans, 2008), 185.

跑過來，用祂的雙臂環抱我們。

當祂的雙臂抱住我們的肩膀時，我們坦承自己的真實狀況和祂的真實狀況。祂傾聽著，叫喚我們「兒子」、「女兒」。我們死了一回，現在又重新活過來。祂把家裡的鑰匙交給我們——宴會也開始了。

我們就是這樣的人，我們是被找到、被原諒、被慶祝重生的人。此時此刻，我們的母親、父親還沒走到這一步。那些是發生在我們身上的事情，是神為我們做的事情。萬物之主跟隨著我們——無論我們依然身處遙遠的國度，或是已經轉頭往回程走，真正的家只有一個，真正的自由也只有一種：就在天父的家裡。無論我們是否曾經被祂的原諒所圍繞，那個擁抱一直在那裡等待我們。到哪兒去尋找原諒別人的勇氣和力量呢？就在這裡。我們可以原諒別人，**因為我們自己被原諒了，我們的一切都被原諒了。**

要原諒多少次？

我坐在我的冰淇淋前面，偷偷看我父親一眼。我渴望他知道這個故事，渴望他的目光能超越冰淇淋小鋪的範圍，不要侷限在刻意營造的輕快氣氛裡，而能夠超越身體、年齡的限制，甚至是超越他個人的過去。他不知道是那個故事讓我來到這裡，他也不知道，要不是神學進入了我的生命領域，我可能還走在一個人快活的路上。如果真是那樣的話，我老早就把他丟開了。我眼前的人得知我又生了一個孩子之後，寫信來建議我先生去切除輸精管，他說生六個孩子實在太多了。他自己就是六個孩子的父親，我想他應該明白他自己在說些什麼，但是這樣的想法可真是不貼心。

我也想告訴他，原諒是一股有作用的真實力量，不只是對我有作用，對全世界也有作用，它能改變人們，改變大村小莊、千家萬戶，乃至於改變許多國家。原諒的力量曾經被引入世界上最慘烈的災禍之地——爆發種族滅絕之戰的盧安達、獅子山共和國和南非。之所以如此，那是因為原諒不只是我們跟神之間的私事而已。長久以來，原諒一直在世界上發揮作用，這是個客觀的事實，而且有其必要性。

使徒彼得（伯多祿）向耶穌提出詢問時，我們聽到了關於「原諒」的答案。彼得的詢問也正是我們每個人都想過的問題，因為我們擔心原諒過頭，寬容到不合理的地步。如果有人一次又一次得罪你，為了同樣的罪、同樣的過錯，請求你在一天之內原諒他，該怎麼做才對呢？

「我要原諒他多少次？」彼得想要知道答案。「七次夠嗎？」那真是不可思議的慷慨，次數多到令人驚訝的地步！顯然，只原諒一些些是危險的事！不過，耶穌的回答把所有的次數計算都掃到一邊去，祂說：「不是七次，而是七十個七次。」（馬太／瑪竇福音18:22）重要的是了解原諒的**意義**，而不是計算原諒的次數。

「怎麼會這樣？」這可能是彼得聽到答案後當下的想法。當耶穌看到彼得的臉，以及旁邊其他人聽到這個回答之後的表情，祂說了另一個故事來加以解釋：

> 有一天，一個國王決定跟僕人算帳。有個僕人因故積欠國王數百萬元，但是無力償還，那是當然的，那是一筆償還不起的巨額債務。國王考量要維持公平正義，也為了維繫國土內的法律，他命令屬下，把這個僕人跟他的妻子、兒女、所有家當全部賣掉，一點一點地還債（在他們的文化中，那是稀鬆平常的處置方法）。就在即將失去一切的時候，這個僕人跪了下來，祈求國王再給他一次機會。他懇求道：「請對我有耐心，我會把所有欠帳還清的！」
>
> 國王被他的眼淚和絕望打動了，就免了他的債，所有欠帳一筆勾消，然後釋放了他。這個胡亂揮霍金錢的僕人從國王的宮殿走出來，彷彿從來沒有拿過不法的一毛錢似地，幾百萬元的債務解除得乾乾淨淨了。[4]

就像第一個故事的情形，這裡又發生了一遍。我們的帳——虧欠神的債——被免除掉了。那麼接下來，這個人會怎麼做？當你死裡逃生，從死亡之口被拉出來，不是靠你自己努力而做到的，而是你虧欠的那個人把你拉出來的，你會怎麼做呢？更何況，眼前你不光是得到自由而已，還擁有一個嶄新的開始，彷彿你從來不曾賭博、不曾向你的老闆勒索錢財，彷彿你所做的事一向都是正確、良善的，沒有做過壞事。接下來，你會怎麼做？

那個僕人做了什麼？他有沒有興高采烈地飛奔回家，準備一份禮物去獻給心胸寬容的國王？他有沒有把家人、朋友全找來，請求他們也原諒他，從此展開全新的生活？他有沒有轉身去找欠他錢的人，把他們的債一筆勾消，如同國王原諒他那般？

所有這些情況，通通都沒發生。

這個僕人從國王的住所跑出來之後，他追上欠他少量債款的另一個僕人，掐住對方的喉嚨。「把你欠我的錢還來！」他當著那個可憐鬼的面大聲咆哮。這個可憐鬼的反應正好跟他自己數小時前在國王面前的反應一模一樣，趕緊跪下來，害怕不已，請求寬容，說出來的話也正如他自己對國王所說的話，可是，這個得到原諒的僕人卻鐵了心腸，不為所動。平時一起當差的同伴對他苦苦哀求，他卻視而不見，把對方關進監獄裡，直到欠款還清才要釋放他。

一個人被赦免龐大的債務之後，怎麼不能原諒別人虧欠自己的小債呢？這真是荒

4〈馬太福音〉十八章廿三至廿七節（編注：此段經文經過作者演繹改寫）。

唐、可笑又刻薄的事！話雖然是這麼說，可是這不正是我做過的事嗎？我被釋放了，可是卻跑去對父親、對許多人說：「你虧欠了我！」而那些人其實早已破產了。想想看，做這種事的人會遭到什麼報應呢？

國王查明事情的經過之後，把第一個僕人叫了回來——這一次，他說的話可就不客氣了：「你這個惡奴！」國王說：「只因你向我要求，我免了你所有的債。你不該寬容你的同伴，像我寬容你一樣嗎？」（馬太福音 18:32-33）然後，大發雷霆的國王把他抓進監牢去，直到他可以還清所有債務為止。

耶穌說完這個故事，對眾門徒說：「如果你們各人不肯從心裏饒恕弟兄，我的天父也要這樣對待你們。」（18:35）

這個警告是真實不虛的。國王對待第一個僕人的方式，跟他對待其他人的方式一樣，把他拖進監牢去關，他體現了這句祈禱文的真實面貌：「我們在天上的父親，饒恕我們對你的虧負，如同我們饒恕了虧負我們的人。」

我們被要求去原諒別人的冒犯之罪，至於那些罪的輕重和範圍，實情是如何呢？根據上面提過的經文，跟我們自己冒犯神的罪比起來，那些根本是不值一提的事。我相信這是實話，但我也承認實話是很折磨人的。對於受盡父母支配、嘗盡苦楚的兒女而言，那不是一件容易接受的事實。比起性情暴戾，虐待、漠視兒女的父母，我們不是好得多嗎？我過生活的方式跟我父親過生活的方式，在性質上是完全不同的，我無法假裝那個差異不存在，但是我必須放下這一點。是誰給了我一個了解所有心靈、能審判公正的宇宙性標尺？顯然，在一件事情上，我們跟父母是平等的：我們雙方都是自我防衛、自我欺騙的高手，對自己違逆神的罪行卻淺薄無知。

而且，我還明白了另外一件事，我所追求的並非公平正義。大部分的人都以為，我們追求的是正義、平等，以此作為衡量善惡的世界性標準，可是我卻發現到，其實我們心裡主要是想得到寬慰。為了獲得寬慰，我們自己策想出一套衡量的標準，然而那套標準跟公平、真正的公義往往沒有多大關係。

我們所呼籲的宇宙性公義標準，跟我們心裡所想的標準，根本是兩回事。我們的債已經被還清了，父母的債也被還清了，這比公義還要好上加好——也就是憐憫。可是我們必須知道，即使這個故事如此美好、充滿希望，我們的債卻不是白白被免除的。其他故事告訴我們，那位父親在泥巴路上跋涉而行，對兒子伸出雙臂，真正的代價有多高？當國王說：「你可以自由回家了。」真正的代價又有多少？這項交易遠遠不是拿一枝筆，把數百萬的債務一筆劃掉而已，也絕對不是擁有無上君權的國王開口說一句話而已，它的代價還包括兩棵樹、一把鐵鎚、幾根鐵釘、被摧殘的肉體、一具死屍、紅色的血，以及神的兒子的生命。這項交易的代價是如此高昂。

這就是基督宗教一直以來所宣稱的，沒有其他信仰會如此宣稱——你犯下的所有錯事，可以徹徹底底被另一個人，被神所贖還、原諒，單單只要提出真誠的懇求就可以。你個人的好心和善舉，不可能為你贏得徹底的贖還、原諒，「善舉」已經有人在十字架上為你做了。

不再審判

無論我們是哪一種人，我們至少都相信一件事：一旦做了錯事，就必須付出代價。過去一千年來，幾乎每個國家的部落和原住民都制訂過血祭——動物的血和人血——以便贖還罪愆，這個想法永遠不會過時。

在電影「別闖陰陽界」（Flatliner）中，我們再次看到這一點。基佛．蘇德蘭（Kiefer Sutherland）飾演醫學院的學生尼爾森，他找到重回過去的方法。尼爾森跟同樣就讀醫學院的朋友們輪流以藥物讓自己進入死亡狀態，停止心跳數分鐘，然後重返人世。在藥物的作用下，他們心跳停止，進入童年的回憶之中，但那可不是歡樂無憂的回憶——而是創傷最深的階段。尼爾森被一個名叫比利的凶惡八歲男孩追趕不停，這個小男孩隨手抓起身邊的物品，把他打得血流如注。

隨著時間推移，我們慢慢挖掘出以前發生過的事情。在劇中人物小的時候，小男孩遭到尼爾森無情的霸凌。在一個下雨的晚上，比利被一幫迫害者追趕到樹上，他哭著請求圍在樹下的男孩們饒了他，可是尼爾森拿石頭丟比利，直到比利的手抓不住，跌落下來，尖叫著摔死了。

尼爾森甩不掉來到現實世界迫害他的比利，也甩不掉自己害死他的罪惡感，他知道自己罪該一死，所以他把自己推向最後一次死亡。在滂沱大雨之中，尼爾森爬到樹上，大哭不已，一方面因為樹很高而膽顫心驚，另一方面也因為自知該怎麼做而害怕。然後，他真的做了。漆黑的夜裡，風颳個不停，極度痛苦、恐懼的他，從高高的樹上一躍而下，摔死了。唯有以死亡作為獻祭，才能讓他從罪惡感解脫出來，終於擺脫比利的復仇之靈。

耶穌斷氣之前，說出了兩個字，那兩個字彰顯出祂降生、死去的目的。祂說：「成了！」（約翰／若望福音 19:30）祂選擇的字眼「成」是一個希臘字，用於記帳。當這個字寫在紙鈔上面時，意思是「全額付清」。那是為了我們而做的，為了每一個如此宣稱的人而做的。我們的債，我們虧欠神、不可能償還得起的鉅額債款，被全部贖還了。我們結清負債，一走了之，全然自由。

耶穌被釘死在十字架上，而我們活得好好的，無債一身輕，離開那個可怕的場面。

可是，這一切是為了什麼？單單只為了你一個人，單單只為了保全你珍貴的幸福和自由嗎？那一切是為了什麼？有血有肉的神降臨，被逮捕，被九尾鞭鞭打，耶穌的肉身被割傷；大地震動，世界黑暗，聖幕裂為兩半；到了三天之後，祂復活了。是為了這件事嗎？在你漫長的一生之中，神追在你後面——這一切真的只為了保障你得到一張自由脫離地獄的通行卡嗎？只為了讓你過著幸福快樂的日子嗎？

是的，卻也不是。神是萬物之主，祂的心量很廣、很大，即使你很重要，可是祂放在心上的不是只有你一個人而已，祂不僅僅記掛著你一個人的靈魂負擔，也不僅僅記掛著你原諒你父母的事。

的確，這就是讓我們獲得自由的高昂代價——可是，你被賦予的自由，並不是真正屬於你，它還跟許多繩子綁在一起。我們所有人出生到這個世界上時，生命中的繩子也隨之而來：我們是造物主所創，由父母所生，往往也同時加入兄弟姊妹、祖父母的生命圈中。我們來到一個充滿人的世界，每個人身上同樣都有著神打造的印記，所有的人是互相牽繫在一起的。

當神免除我們欠祂的債，原諒我們，並不是要讓我們任意選擇自己想過的生活，不是要讓我們追求個人的心血來潮和幻想——而是要我們**愛得更完整**。我們互相虧欠榮耀和仁慈，而我們虧欠造物主、救世主的，正是我們的生命。我們虧欠神和別人一份真誠的愛，我們虧欠母親、父親、妻子、兒女、丈夫、鄰居、陌生人——我們虧欠了他們每個人，是的，我們虧欠他們一份原諒。

如果你曾經祈禱過〈主禱文〉（天主經），即使只有一次，你就已經祈禱過這件事了：「饒恕我們對你的虧負，如同我們饒恕了虧負我們的人。」我們雙手交疊，低下頭來，祈禱的地點往往是教堂。這個字眼再一次出現了：「虧負」！我們彼此索討，要對方付出代價，可是，你聽見這段祈禱文了嗎？這段祈禱文我說了多少年，卻沒有真正聽進去！我們向神討要什麼呢？我們真該感到震驚，因為事實上我們很可能不是真心說出這句話。難道我們真心希望神根據我們饒恕別人多少，而來裁決要分配多少饒恕給我們嗎？

耶穌一定早就知道〈主禱文〉的這段禱詞背後隱含了恐懼和過錯，所以祂一說完，立刻又提出解釋，說出另一段祈禱文。祂說的是：「你們若饒恕別人的過錯，你們的天父也會饒恕你們；你們若不饒恕別人的過錯，你們的天父也不會饒恕你們的過錯。」（馬太福音 6:14-15）

這個含意很清楚，當我們被神饒恕了，我們就成了可以饒恕別人的人，兩者之間的關連是如此必要，以至於經文把正、反兩面都說了一遍。在這裡，神對我們每日罪行的饒恕，是透過我們對別人的饒恕來加以衡量。在其他的經文中，我們再一次被驅策著：「主怎樣饒恕你們，你們也要怎樣饒恕別人。」（歌羅西／哥羅森書 3:13）這句話說得再簡單不過了。我們得到了饒恕，因此我們可以饒恕別人，體現神的不計代價、完美的憐憫。祂對這個世界的愛、對我們的愛，沒有止境！

這個饒恕可以推展到多遠？你可能才剛剛起步，就被卡住了，以為自己不在被饒恕的範圍之內。我不清楚你做過什麼，但是我知道彼得做了什麼。在所有門徒中，彼得對耶穌的愛最熱烈，他拋下一切，追隨耶穌——祂是他的使命、他的朋友，他的家人。在耶穌身邊的三年之中，彼得見證了最令人震驚的治療和教導，他宣稱他所信仰的人是神的兒子，願意永遠不離棄祂、永遠愛祂，發誓要追隨祂到生命的盡頭。然而，在耶穌最需要彼得的那個晚上，彼得卻遺棄了耶穌。

那天晚上，彼得擔心自己的安危，因此否認了他最熱愛、最信任的耶穌。彼得說：「我不認識那個人。」不只說了一次，而是總共說了三次，而且到了第三次時，連耶穌本人都聽到了。當耶穌被帶去赴死的時候，祂直視彼得的眼睛。不過我們知道，故事不是在這裡結束。耶穌復活之後，祂回來了，而且，祂原諒彼得的次數，跟彼得否認祂的次數一樣多。

我們全都否認了耶穌，在關鍵時刻、在平常的時候，轉身離祂而去。我們也轉身離開了彼此，我們全都有罪。可是，如果連責任最重大、知道最多事情的人，也會犯下最惡劣的罪，並且得到饒恕，那麼你也可以！請記住，千萬別被你自己性格中的弱點和罪所阻礙了。

要是犯下最恐怖的罪行，例如謀殺、強暴，因為這些罪行而內心煎熬的人會如何呢？事情說得過去嗎？我們仍然必須原諒他們嗎？二〇〇八年有一部紀錄片，名為「當我們原諒時」（As We Forgive），這部紀錄片紀錄了在盧安達的三個人的生命歷程。

一九九四年，盧安達爆發種族大屠殺，胡圖人（Hutu）與圖西人（Tutsi）之間發動殲滅性戰爭。在這股漩渦中，有個男人以彎刀殺害了另一個人。十年之後，兇手來到死者的女兒面前，他無法正視她的臉，心裡承受著羞恥和罪惡的煎熬，他唯一的心願是死者的女兒能原諒他。那位女性的親人大多死於殺戮，她難以原諒那個兇手，甚至不想看到他的臉。之後的幾個月之間，有個盧安達人居中調解。在調解人的鼓勵之下，她同意見殺父兇手一面。

攝影機的鏡頭沒有說謊。雙方見面時，她的臉上百味雜陳，怒火中燒，在他面前極度失常。他勾起她痛苦的回憶，讓她想起所有遇害的家人。她沒辦法原諒他，這一點我們可以理解。之後的幾個星期、幾個月之間，她持續跟調解人碰面。

最後，攝影鏡頭拍到她開朗的臉龐。那時，她加入一群男女、小孩的行列，為大屠殺的另一個受害者搬磚塊、蓋新家。經過數個月的談話、祈禱之後，她逐漸原諒殺父兇手，開始重新展現笑容。

我們是被找到、被饒恕、被祝賀的人，或許我們可以活出另一番生命，過著嚮往神、對所有人心懷憐憫、餵養他人的生活。耶穌饒恕彼得之後，給了他一份工作：「餵養我的羊。」（約翰福音 21:17）彼得得到原諒，這附帶了一道召喚，要他採取行動。

首先我要承認，長久以來，我一直忽視了一個令人不安的事實，神以某種神秘的方式，把祂饒恕人的衡量標準，連結到我對別人的饒恕、祝福上面。有很長的時間，我滋養著我自己的傷痛，以自己的標準論斷一切——我不僅如此對待父親，也如此對待其他許多人。我領悟到，這些年來我迷失得多麼嚴重，對神的理解有多麼淺薄，把神的憐憫想得多麼狹隘，一想到這些，我就感到震驚！

那麼，原諒父母意味著什麼呢？那意味著我們要放手，把他們對我們的虧欠債一筆勾消，解除他們所欠的帳。父母或許虧欠我們很多，我們很清楚兒女對父母的需求：滋養、食物、安全、教育、愛和祝福。從前，我們許多人得到的遠遠少於想要的、需要的，而且到現在還沒有足夠的滿足。這筆帳，我們還要追討多久？

我們應該開始放手，讓父親、母親不再被我們所審判，讓他們免除所欠的債，不再成為抵押品，同時也放過我們自己。將來，他們仍然要面對神的審判，這是我們無法改變的事。我們放手，不代表他們可以從所有欠債中脫身出來，尤其是如果他們違反了法律，為了保護未來潛在的受害者，關於公義的爭論可能還會持續下去。即使法律已經在追討他們的刑責了，我們仍然可以選擇原諒。

有哪個人曾經做到這一點嗎？我知道有許多例子。以蜜雪兒為例，以前她晚歸時，她父親常常揍她的臉，把她打得倒臥在地：

當我決定走上這條路，我說：「原諒之路我要走到底，不會半途而廢，不會為了我自己的問題而去怨怪父親。」我想做到完全原諒的地步，可是我沒有任何辦法可以做到，直到我遇見了基督。我內心沒有平安、沒有恩典、沒有憐憫，一旦我擁有這些，就可以走完這趟路程。許多人停在半路上，因為他們還在怨怪那個人，把怨怪當成一輩子的職業在做。我決定要盡一切所能，全力以赴。

關鍵字：信任

我和父親吃完冰淇淋之後，我把輪椅慢慢推到走廊的盡頭，準備說再見。我看到有張塑膠椅可以坐下來。

我隨身帶了一本小小的聖經，那是我婆婆的。我把這本褐紅色的書拿在手裡，心裡充滿回憶和難過，過去幾天的種種湧上心頭。我知道，這次探望很快就要結束了。三年前，我婆婆汪達在一棟失火的房子裡過世了。那棟房子位於沒有消防資源的阿拉斯加野外，火勢在半夜竄燒起來，幾個人衝進被大火吞噬的房子，試圖救她一命，可是沒有人及時找到她。那天晚上她上床時，根本不知道那是她生命裡的最後一夜。大火可能是從爐子引發起來的，煙霧瀰漫在她的房間裡，她沒有醒來，就這樣被帶走了。她熱愛神，一生都奉獻給別人。她是我所認識最無私的人之一，跟我父親完全是不一樣的人。

那次的拜訪並不順利，我父親無法說話，我也沒辦法帶他離開康復中心，開車去外面兜兜風。最後三天我們只能待在室內，哪兒都去不了。我心裡盤算著：「現在該怎麼離開？」

「爸爸，我讀幾段聖經給你聽，好不好？」我詢問他的意思，不想觸怒他，或是佔他便宜，尤其他目前的狀況不太好。

他對我點點頭，看著我的眼睛。他點頭的舉動和全心的注視都讓我吃驚！在那一刻，他在我面前像個孩子似地，我深深覺得自己對他有責任。

我父親喜愛書本，我猜他也喜愛文字。雖然他從來不多話，可是以前他常常朗讀報紙給我們聽，一有空就讀。我打開汪達的聖經，翻到〈以賽亞書〉（依撒意亞）的優美邀請文，一字一句讀出來：「趁著上主可尋找的時候要尋找他；趁著上主靠近的時候要求告他。邪惡的人要離棄邪惡的道路……他們要轉向上主，好承受他的憐憫；他們要歸向

上帝，好蒙他的寬赦。」（以賽亞書 55:6-7）

我抬頭看了一眼，我父親正在聽著，他一直全神貫注地聽我讀聖經。這樣的事以前哪裡發生過？這樣的時刻是神促成的。

「爸爸，跟上主比起來，我們都是邪惡的。」我向他解釋：「我也是一樣，可是祂一定會無條件原諒我們！」

他把手伸向一旁供人自由取用的黃色便條紙，放在腿上，辛苦地寫下幾個字，拿給我看。「我喜歡妳的觀點。」他說。

我不敢置信，睜大雙眼看著他。「你知道神愛你嗎？」

他微微地皺了皺眉，輕輕搖頭，幾乎看不出來。我知道他是無神論的英國演化生物學家理察．道金斯（Richard Dawkins）的讀者，多年來都在閱讀無神論的著作。

「爸爸，是什麼讓你沒有這樣想？」

他拿起便條紙，緩慢、吃力地寫字，拿給我看。

他寫的是「信任」。

我點點頭。「對，信任。那是一個重要的字，真的很重要。我回家之後，寫信來跟你說說這件事情，好不好？」

他拿過便條紙，辛苦地用右手寫下難以辨認的字。看到他用草寫體寫字時，我很驚訝！他寫的話是：「我期盼你有智慧的話。」

我的淚水奪眶而出，不得不眨眨眼。我從來沒見過他這麼柔和，對我這麼敞開心胸，對我最愛的事情這麼包容。

「爸爸，我愛你。我希望能再來看你。我回家之後，會趕快寫信給你。」

☘

憐憫。我真是熱愛憐憫。那次探望時，我為父親做的每一件事，他從來不曾在我小時候、在我長大成人之後，為我做過一分一毫，可是，我腦袋裡的刻薄算帳聲開始安靜下來了，覺得不公的怒氣也開始慢慢平復下來。我知道自己是怎麼樣的人，我不再是個孩子了，也不再沉溺於自己的怨恨不滿。在神面前，我不再是個欠債的人，我自己得到了赦免，現在我希望我父親同樣感受到那份自由。我想到聖經中有一段我最喜愛的話：「我要熱切服從祢的命令，因為祢要使我更能領悟。」（詩篇／聖詠 119:32）

在你的生命中，像這樣的事會怎麼發生出來呢？在別人的生命中，又會什麼樣的情形？接下來，我會舉出各式各樣的做法和時間，說明原諒發生在哪些事情上面，在哪個方面喚醒行屍走肉的人，又在哪些方面讓瀕死的人重新活得有生氣——以及人們拒絕原諒的狀況。令人驚喜的事情就在前方，等待著我們所有人。

吉兒博士的講解

要活到多大年紀，我們才會停止盼望父母還債？四十歲？五十歲？還是六十歲？要到什麼時候，我們才會正視成年的真正內涵？所謂的成年，不是兒時的所有希望和夢想都得到實現，而是冷靜、成熟的現實：我們所有人都是破碎的，要讚頌神還差得遠。我們的目標是以天賦能力去做能力所及的善，從骨子裡把美展現出來，成為比較像基督的人——不是一定要有什麼樣的父母，我們才能訂立這樣的目標；而是即使父母如何如何，我們的目標依然不變。我們必須努力做到原諒，開創出不一樣的美好生活，傳給下一代，還有下下一代。畢竟，今天我們所過的日子，就是在為將來的世代寫歷史。

在不斷向前走的同時，我們也要回頭反省。我們回憶自己過往的歷史，不是為了要加以崇敬，而是為了從整體脈絡去認識自己和別人，從自己和別人的過錯之中學得更多，成長得更高。我們要克服生活中種種心痛、心灰意冷和掙扎的事情，但是不要對那些事情留戀不捨。就像在〈創世記〉中，神要毀滅所多瑪和蛾摩拉（哈摩辣），天使吩咐城中唯一的義人羅得（羅特）帶妻子出城逃命，要他們不可回頭看，但羅得的妻子在起火時忍不住轉頭去看，結果變成了一根鹽柱。有時我們的心態就像回頭看的羅得之妻，我們可能很頑固，緊抓著痛苦不放，不肯跨出那種生活方式。我們的過去固然擁有強大的力量，可是神更加強大。

要怎麼讓我們的心轉向、改變？原諒別人是個善念，而實實在在原諒別人則是神令人匪夷所思的要求。無論是基於善念，或是基於神的要求，要怎麼把頭腦明白的道理真正落實為發自內心的行動？且讓我們繼續讀下去，看看我們以前是什麼情況，未來又要走到哪種境地去。

我們已經看過約拿逃跑、抗拒、封閉心門的故事，也了解之前的方法很可能沒有解決問題，現在必須改弦易轍，另找辦法。我們必須面對心裡恐懼的事情，面對我們所知道的真實狀況，用成年人的目光去回顧童年的記憶，牢牢記住這些艱辛的往事。牢牢記住能讓我們變得有智慧，也能讓我們有洞察力。

然而，當我們開始面對自己的故事、恐懼和回憶時，我們很難一個人獨自承受，需要有人在一旁幫忙。在我們的生命中，眼前有誰是可靠的嗎？有沒有這麼一個人，我們跟他（她）相處時可以感受到愛與關懷？或者，有沒有一位受過訓練的專業人員可以維持我們的信心，以此為出發點，開始吐露心事？

請在那個人的陪伴下，坦誠、大聲地說出你的回憶。比起一個人關在房門內痛哭流涕，開口說給另一個人聽、靠在別人的肩膀上哭泣，療癒效果好得多。你必須記住你曾經是個什麼樣的孩子，替那個從來沒有說話餘地的孩子說出實情。談心療法是有療癒效果的，對大腦內部的生化活動有正面助益。一想到問題不知道該從哪裡解決起，我們會恐懼到快要窒息，但是如果有人聽我們說話，恐懼就會降低。當我們覺得有人做伴，知道自己不是孤伶伶的一個人，心裡就會萌發希望的種子；接著，我們內心才能騰出寬一點的情緒空間，思考自己的故事到底還有哪些其他的面向。

接下來，我們可以好好地想想父母的人性。順應我們自己的人性，讓心謙卑下來，如此一來，心態就會跟著軟化，我們開始能夠抱著惻隱之情去看那些傷害我們的人，想想他們的養育之恩，也想想他們的童年。這麼做不是要你漠視或免除他們應盡的責任，而是為了讓你打開視野，把理解引進來。

當我們這麼做的時候，心中必須牢記這個原則：「你們怎樣評斷人，上帝也要照樣審斷你們；你們用甚麼量器來量，上帝也要用同樣的量器量給你們。」這是〈馬太福音〉（瑪竇福音）七章一至二節的經文。你如何對待別人，神就如何對待你。神會用我們論斷別人的同一標準來論斷我們。這一點應該足以指出衡量恐懼和謙卑的標準，也讓我們明白每個人同樣都需要恩典。

我們自己得到了很多原諒，也有很多需要原諒別人的地方。我們帶著沉重和感恩的心，走在原諒的路途上，看到神願意為了我們跋涉多麼長遠的路。別人帶給我們許多痛苦，可是我們在神面前的缺點和罪並不會因此而抵消一分一毫。如果我們自己需要被原諒，那麼，我們怎麼能不原諒父母？

即使我們重新打開心房，痛切悔悟，可能會發現前方仍然充滿阻礙。我們的父母可能還沒悔改，還繼續以傷害的方式對待我們，要是這樣的話，我們能原諒他們嗎？世界上大部分的人都強烈認為，原諒是兩個人你來我往的歷程，虧欠我們的那一方也必須要悔改才行。如果對方自責懊悔，那就證實我們是無辜的，這樣的話，要引發惻隱之情、放下傷痛和怨恨，必然就容易得多了。然而，根據這種觀點，如果對方沒有半點自責懊悔，也不承認自己做錯了，我們就會無計可施，陷入無助的地步，結果讓對方繼續傷害我們。

果真如此的話，那可真是一場悲劇！那些傷害我們的人，難道是我們尋求安慰和自由的唯一出路嗎？為什麼我們要緊緊抓著這個想法不放？可是，我們做的正是這樣的事。然而，神的出路才是更好的！當我們原諒對方，我們放下心頭的擔子，把那個人交到神的手上。

〈羅馬書〉十二章十七至廿節說：「不要以惡報惡；大家看為美好的事，要踴躍去做。要盡你的全力跟大家和睦相處。朋友們，不可為自己復仇，寧可讓神的忿怒替你伸冤，因為聖經說：『主說：伸冤在我；我必報應。』聖經又說：『如果你的仇敵餓了，就給他吃，渴了，就給他喝；你這樣做會使他羞慚交加。』」

在「原諒」這件事情上，我們只能做好自己的這一半，盡力而為。聖經說：「要盡你的全力。」我們沒辦法讓父母免除他們該做的那一半，只能把他們從我們的心頭卸下來，然後轉過頭來，擺脫他們套在我們身上的情緒束縛，拿回我們的自由。

儘管這裡所說的是一個有步驟的歷程，而且這本書的章節是按照時間順序來安排，不過有一點很重要，讀者應該明白：療癒的歷程**並非一定要按照什麼順序來進行不可**。「原諒」往往不是依照妥善、可預期的過程一步一步有所進展，終而把我們從痛苦之中拔救出來，不是這樣的。有時候，這個過程會混亂不堪，因為我們在同一個問題上不斷兜圈子，轉不出來。原諒的過程可能要花很長的時間，端看要原諒的事情有多麼深。請記住，我們的感覺、而且是全部的感覺，都是這個過程的一部分，而怨恨、抗議同樣也是療癒的一部分。

話說回來，神了解我們的極限在哪裡，知道我們沒辦法靠自己一路衝到原諒之路的終點。我們還必須打從內心發出真誠。神以慈愛的方式讓我們明白，洶湧不絕的怨恨會扭曲我們對生命、對人性的見解，我們應該要容許各種情感、掙扎，讓它們伴隨抗議的想法浮現出來，不過，同時也要下定決心，願意在這場戰鬥中不屈不撓。

療癒功課

1. 原諒之路走到現在，你的心裡有什麼感覺嗎？是感到沉重，還是充滿希望？你仍然覺得心不甘、情不願嗎？針對你心裡任何不想要原諒的感覺、沒有說出口的事情，安排一些時間進行祈禱。
2. 我們被召喚要愛人，因為基督先愛我們。這不也就是說，我們原諒別人的程度要跟我們自己被原諒的程度一樣深嗎？需要原諒的想法是很脆弱的，你有覺察到自己的這個脆弱需要嗎？
3. 為了得到神的饒恕，你用什麼樣的方式去親近神呢？你自己有沒有犯過什麼錯，到現在仍然需要尋求神的饒恕？
4. 從上一代到下一代，你有沒有看到兩代之間有什麼重複的地方？哪些重複的地方是你奉耶穌基督之名，必須坦誠說出來的？
5. 對我們而言，基督的原諒是恩賜，而祂同時也命令我們要原諒別人。對你個人而言，這個命令也能說是無比的恩賜嗎？
6. 擁有一個長期傷害兒女的父親或母親，卻要談原諒，你明白那是一件多麼困難的事！由於兒女受到的傷害很複雜，原諒的過程往往會有事情反覆發生的狀況。基督告訴我們，要原諒虧待我們的人七十個七次。在這種超出自然的原諒之中，得到好處的人是誰？

7. 萬一你的父親或母親不承認做錯了什麼，你會怎麼辦？世界上的多數人說，只要原諒那些對自己所犯的錯流露出真心悔悟的人就好了。這種條件式的原諒有什麼不好的地方？關於這件事，聖經上怎麼說？

8. 如果你的父親或母親不盼望你原諒他們，你還有什麼原諒他們的方法嗎？你要怎麼讓心謙卑下來，把驕傲放在一邊，仍然原諒他們？要做到這一點，可有什麼條件、範圍嗎？

9. 憤怒是一種真實的情緒，可是，不同的憤怒方式會產生不一樣的後果，可能帶來新的局面，也可能造成兩敗俱傷。在克服憤怒的過程中，你能下定決心，絕不在痛苦或怨恨的當下採取行動嗎？你對「憐憫」和「選擇」這兩件事情有什麼看法？它們能幫助你改變心意嗎？你願意成為感覺的主人，對你的感覺負責任嗎？

10. 你有沒有看過這樣的人，在他（她）的生命中，完全沒有「原諒」可言？你有沒有無條件原諒別人，結果雙方恢復關係、和樂相處的經驗？或者你原諒了別人，可是雙方卻沒有恢復關係，這種經驗你有嗎？

第六章

如果是不值得孝敬的父母……

神審判的時候，不會以仁慈待那些不仁慈的人。然而，仁慈是勝過審判的。

——〈雅各書〉（雅各伯書）二章十三節

二〇一二年有一部電影，片名是「我的單身爸爸」（Being Flynn）。開場不久，有個母親跟十二歲的兒子尼克坐在熄火的車子裡，對面是巴士站。一個男聲說出旁白：「在我一生中，很明顯地，我父親向來都是缺席的……他從來沒有出現過，只不過空有名字而已，沒有實體。」

攝影機的鏡頭從車子的擋風玻璃看出去，然後關閉。車子裡，坐著那個母親和男孩。母親一角由茱莉安・摩爾（Julianne Moore）飾演，她看起來心浮氣躁。「這次他要是再沒出現，我就要殺了他！」她滿臉倦容，把話說得咬牙切齒，語氣非常堅定。

「如果他沒出現，我們可以買冰淇淋嗎？」男孩問道。他臉上長著雀斑，眼睛盯著公車站牌看。可是，那個人已經別有計畫了。

「巴士來了！他來了！」那個母親滿懷希望，喊叫起來。一輛銀色的市區巴士緩緩出現在他們的視線內，發出尖銳的煞車聲。巴士門咻的一聲打開了，有人走下車。巴士開走時，母子兩人把身體靠向前面。

「不，那不是他！」母親說得斬釘截鐵。巴士在街道上發出隆隆的聲音，越走越遠了。「你想吃什麼口味的冰淇淋？」

「巧克力的。」

之後他們把車開走了。

那個父親名叫強納森，他倒是給兒子寫過很多信。尼克長大之後，他父親寫來的信大概累積到一百封之多，他把信件收得好好的，一讀再讀。不過，這個父親還是沒有出現過，直到尼克二十八歲。

「我的單身爸爸」以尼克．弗林對父親的回憶作為劇情基礎，講述父親重新回到他的生活中，父子關係發生接二連三的問題。就許多方面而言，這種故事是人們所熟悉的，觀眾沒有說話的餘地，只能隨著電影劇情逐漸開展，聽見、看見浪子的故事再一次上演，只不過這回的故事有個重大版改：如同許多家庭的情況一樣，這次不是叛逆的年輕人離家去追尋自己的閃亮夢想，反倒是當父親的人拋棄了兒子。還有比這件事更違反自然、更顛倒的嗎？把我們帶到這個世界的人，卻拋棄了我們！

回頭說說我父親，他有幾次拋家而去的紀錄。有一次，那年我十二歲，家裡還有一些銀行存款，因為我們在三年前賣了一棟房子。那是我們賴以生存的錢，只剩不到一千美元。由於我父親沒有職業，找不到工作，我們只能眼睜睜看著銀行存款越來越少，坐吃山空。多數時候，我們要想辦法從石頭縫裡搾出食物來。我們的櫥櫃一向是空蕩蕩的，已經到了七個人一星期的伙食費不能超過三十美元的地步。我們長期吃鯖魚罐頭、水煮的雞脖子當晚餐，或是買一打便宜、有裂縫的蛋。秋天或冬天時，我們屋子裡的溫度維持在華氏六十二度（相當於攝氏十六點七度），身上要穿好幾層舊毛衣保暖。我母親鼓起勇氣去上學，參加為期六個月的訓練課程，為的是日後可以找到一份工作。

有一天，我母親去上訓練課程，我們六個孩子去學校上學。我父親到銀行把所有存款提領出來，先是修理車子，然後開車去了別的城鎮，打算從此一去不回。

大約一兩個月之後的某個晚上，我們在一家汽車旅館發現了他，全家人一起進車子裡。他回到家，承諾會去找一份工作，好好做事。在那之前，我們不奢求他做什麼其他事，只要求他當太太的丈夫，關心關心孩子就好了。那時我從來沒想過，為什麼連區區這樣的事他都做不到？我沒去過別人家，不清楚別人家的父親是怎麼當的，至於我們家，我們還有別的更重要的需求：頭上要有遮風避雨的屋頂，銀行別徵收我們的房子，屋子裡要有電、有燈，別再面臨斷電的威脅；桌上要有食物，車子要有汽油可以送我們上學。我父親回家之後，我們沒有肥壯的小牛可以為他宰殺，沒有戒指可以讓他戴上——只有一個環要套在他的鼻子上，我想他感受到這一點了。他回到我們身邊，可是家裡沒有歡慶會，我們知道他是逼不得已才回來的。

就我所知，許多父母離開了家庭之後，再也沒有回去過——除了有人偶爾會寄一張卡片回家。羅達還是個小嬰兒時，就被父親遺棄了，好幾年都沒有父親的消息。去年，她父親隨便寄了一張生日卡給她，那是一張廉價的卡片。「我猜，那是他在加油站撿到的。」羅達用嫌惡的口吻說給我聽。卡片裡印著荒謬的溫馨話語，她父親只不過在卡片裡簽上自己的名字，連姓都沒寫。更誇張的是，他竟然連女兒的名字都拼錯了！

史蒂芬的父親遺棄太太和兒子時，他還只是個嬰兒。莎拉的父親甚至在她出生之前就離開了。凱萊布十二歲那一年，他母親帶著女兒搬出家門，橫度國土，再也沒有回家的打算。凱文的母親是個未婚的學校老師，起初是把他送到親戚家，後來則是把他送進寄養家庭，她對養育獨子這件事情不感興趣。

還有其他形形色色的遺棄方式：有的父母以惡劣的方式對待兒女，有的父母很可恥，讓孩子在家裡想辦法照顧自己。達琳的父母大部分時候都在家，可是他們沉溺於酒精，罹患精神疾病，還與人通姦，根本自顧不暇。說起來，達琳的兩個年幼弟妹其實是她一手帶大的。

問題是，現在我們該怎麼辦？我們坦承這些對我們有虧欠的罪，看著父母過生活的方式，試圖理解他們遭遇的痛苦和傷害，思考過不原諒的代價，也讀過國王赦免揮霍無度的僕人，以及父親歡慶浪蕩兒子回家的故事，我們甚至可能知道自己虧欠神的債已經被饒恕了，那麼，下一步該怎麼做？

當我們朝向原諒的目標前進時，主要仰賴的或許就是此時此刻的信仰。我們從一個令人驚奇、想都想不到的地方得到幫助。幫助來自火焰上的山頂，來自神的手指，來自一塊石碑。許多人認為，那塊石碑是用來束縛我們，讓我們挑重擔的。

十誡教導我們如何把日子過好、過得端正，跟神、身邊的人好好相處，卻令人覺得處處難以做到。有哪個人沒有違犯過其中的至少五誡嗎？然後是這個，第五誡：「要孝敬父母，好使你在我要賜給你的土地上享長壽。」（出埃及記／出谷記 20:12）

一開始我們心裡就惴惴不安，違反了第五誡。難道光是原諒還不夠嗎？我們還被要求挑起這個額外的重擔，要孝敬父母。就算父母根本就是不像樣、甚至是瘋狂的人，也要孝敬他們嗎？在前面提到的電影回憶錄之中，這正是尼克獲得的啟示，這個令他揪心的矛盾貫穿了整部電影。

尼克找不到人生的出路，而二十八歲正好是他人生的中間點。他的手機響了：「尼克，我是你爸爸。你可以到我這裡來幫我搬東西嗎？」起初，尼克不相信那個聲音真的是他爸爸，不過他終究信服了。他心不甘、情不願地去見他，幫他搬出公寓。

「很高興跟你見面，尼克。」頭髮蓬亂、衣衫藍褸的父親不經意地跟兒子打招呼，彷彿兒子跟他只是小別一段時間，而不是闊別將近二十年之久。

尼克忍耐著父親不修邊幅的外表、粗野的口氣，平白無故表現得彷彿跟他很熟似地，心裡既震撼又反感。他們共處的時光才剛剛開始而已，他父親就對著房東、黑人、同性戀者大聲叫罵，窮凶惡極。他對自己同樣也沒有放過，抱怨自己空有寫作的天分，咆哮連連。當尼克忙完父親搬家的事，他搖搖晃晃回到自己的公寓，說出這樣的結語：

「我發現我爸爸竟然是那樣的人，一個種族主義者，憎恨同性戀的瘋子。」

尼克跟他父親之間的關係才正要開始，我們知道接下來的故事將是複雜而令人嘆息的，事實上也的確是如此。不過，我看這部電影時，心裡抱著一絲希望——果然讓我盼到了。父子兩人終於在「露宿者之家」又碰上了面，這一點可真令人覺得不真實。尼克在那裡工作，而他父親在人生走投無路之後，來到露宿者之家尋求庇護。尼克實在不知道該拿父親怎麼辦才好，他滿腦子妄想、惹人討厭，跟露宿者之家的每個人幾乎都過不去。儘管逆境重重，可是尼克克服了心中的魔鬼，終於實踐了第五誡，試圖去幫助自己的父親。一次又一次，尼克在寒冬之中援救流落街頭的父親，免得他被凍死。

到了電影尾聲，尼克用盡一切力量，讓他父親不再浪跡街頭，而且搬出露宿者之家，安頓在一間小巧而舒適的公寓裡。

無論在原著小說或是電影裡，父親和兒子都沒有提到信仰，但是感覺上父子兩人的福祉是直接相連的。要說有神秘意味的話，倒很像是第五誡所說的那樣。孝敬父母的命令很獨特，跟其他九誡不一樣，它帶有一個其他誡命所沒有的承諾：「好使你在我要賜給你的土地上享長壽。」這道誡命和應許很重要，兩者都非比尋常，聖保羅（保祿）也向我們說出了這個誡命，而且他給予的應許和祝福甚至更大、更廣：「要孝敬父母，你就事事亨通，在世上享長壽。」（以弗所／厄弗所書 6:2-3）

你就事事亨通——是的，我們想要事事亨通，即使父母不像樣、不盡責，即使我們的童年過得很悲慘，我們依然想要事事亨通。此時此刻，這件事聽起來或許是無稽之談，不過這裡所說的是一條通往美好生活、美好未來的大道：孝敬父母。

面對不像樣的父母

我發現已經有人做到這一點，做到孝敬不值得孝敬的父母。他們站在山頭上，望著父母漸行漸遠的背影，追上前去，雙手奉上父母不配得到的孝敬。這些是我所知道的人們，他們是真實的血肉之軀，幾十年來，我看著他們的生命，他們所過的生活跟他們告訴我的話是相符合的。

在我所認識最仁慈的人當中，吉米是其中一個。他跟我分享他的生命故事，談到了他父親。他父親是一個性情暴戾、不快樂的人，外面的人看他很慷慨，但是對家裡的人而言，根本就不是那麼一回事。吉米下面還有五個弟弟妹妹，假如他們之中有任何一個人把家裡弄亂了，他父親不會伸手去拿皮帶，而是直接動手打人。他會打孩子耳光，把孩子摔在地上，讓孩子鼻青臉腫。

有一天，那時吉米還很小，父親開車帶他出門，要他打開車窗。可是那是一輛老舊的卡車，要很用力才能轉動車窗的轉軸，吉米做不來，他父親毫不留情地打他的腿。

吉米的父親是華人，對長子的期望幾乎超出了孩子能承擔的範圍。在成長的過程中，吉米一直很怕父親，他做的事沒有一件是對的。當吉米頂著榮譽從中學畢業時，他父親不肯相信。他對吉米畢業的唯一回應是：「那個一定是弄錯了！」

吉米的父親是個無神論者，經常批評神和教會，諷刺的是，吉米在十五歲的時候信服神是真理，把生命交給了祂。

幾年之後，吉米帶未婚妻喬伊回家吃晚餐，興奮地對家人宣布他們訂婚的事。吉米的父親久久不發一語，怪兒子竟然沒有事先徵詢父親的意見。他拒絕去參加長子的婚禮，甚至也禁止吉米的母親去參加。有兩年的時間，每當吉米回家探望母親，他父親就頑固地不說一句話，而吉米也拒絕開口叫那個不承認他的人一聲爸爸。

吉米和喬伊結婚之後，跟父母很少有來往。十二年之後的某一天，他父母宣布說要去鱈魚岬（Cape Cod）探望他們，結果那次拜訪成為雙方關係的轉捩點。吉米告訴我：

對我而言，他曾經是個不像樣的父親。他們來鱈魚岬拜訪時，每當我見到他，就想要愛他、跟他建立關係——我們之間從來就沒有像樣的關係。他們一說要來探望我們，我們就立刻發出善意的回應，努力讓他們明白有另一種過生活的方式。是喬伊教會我這件事情的，她跟我成長過程中的每一件事都正好相反。我們對父母很慷慨，而他們老是很在乎錢，斤斤計較誰欠了他們什麼東西。

我們希望他們認識神，希望他們看出我們已經找到一條不一樣的路，看出我們的成長方式是不恰當的。我們知道自己已經得到饒恕，我希望他們明白，他們也同樣可以得到饒恕。

到了晚上，他們四個人開始玩紙牌，相處得很愉快。吉米和喬伊愛吉米的父母，愛他們就是那樣的人。不可思議地，他們成為朋友，原本短暫的拜訪延長到六個月之久，吉米的父母不想離開。

不久，吉米的父親中風了。此時，父子的角色迅速轉換，吉米成了他父母的指導者。

即使我小時候跟父親之間有許多不愉快的事，我還是很想親近他，很想跟他建立關係，由於神的愛，我對其他事情才能夠釋懷。糟糕的事情很多，可是那些事情都被我對父親的愛和渴望抵消掉了。以前我覺得他是個不像樣的父親，然而身為兒子的我要說的話是：「我不在乎以前你做了什麼，我很高興重新擁有了你！」

在他的一生之中，他還是沒開口說過他愛我，但我知道他是愛我的。在他最後的日子裡，我願意跟他說：「爸爸，我愛你。」

吉米的父親走向他，轉身看他，而吉米夫妻則是照料父親日漸衰老的身體。父親中風之後，吉米和太太一起照顧他，臨終時也陪在他身邊。即使這個過程充滿了療癒，可是吉米的父親從來沒有請求兒子的原諒，也從來沒有開口說出那句被等待已久的話：「兒子，我愛你。」

是什麼造就了這個快樂的故事？吉米和喬伊無法改變事情的所有後果，但是他們孝敬一個難相處的父親，從原本充滿虐待、傷害的關係之中，重新打造出一份愛的關係。他們孝順父親、愛父親，儘管父親沒有給他們回報，他們自己反倒獲得了療癒。這是一個顛覆過來的世界，或者應該說，是一個被翻轉擺正的世界。

吉米和喬伊所做的事情看起來幾乎是很輕鬆的，可是我知道對當事人而言，其實那是非常困難的。我們不想當那個把世界翻轉擺正的人！要抗議的事情有那麼多，為什麼我們必須站在山頭上，扮演父親的角色？那是我們的父親應該站的地方才對，那是神所站的地方才對。為什麼我們被要求把榮耀獻給那些人？他們既沒來榮耀我們，也沒去榮耀別人。為什麼我們被選擇去扮演他們的角色？在我們整個童年時期，甚至現在已經成年，我們需要從他們身上得到的東西至今還是沒變。是誰把我們放在這個位置上？這是不公平的！確實很不公平，可是我們已經哀嘆過那些事情，我們正在超越不公平和失落，正在走向一個境界更寬的生命。法國小說家卡謬（Albert Camus）寫過：「沒得到愛的人只不過是運氣比較壞，不能愛人則是悲劇。今天，我們所有人，都帶著這個悲劇走向死亡。」1

我們不必然要死於這個悲劇，我們**有能力做到這一點**。我們多數人都有個本能，知道自己虧欠父母某種榮譽，只因為他們是賦予我們生命的人。多數父母會哺育兒女，給孩子穿衣把尿，努力把孩子養大。大部分的父母是愛兒女的，儘管他們愛得不完整。現在身為父母的人，盼著將來老邁之後，兒女能孝敬他們。即使我們不確定一個好的神是不是真的存在，我們也能明白孝敬父母的重要性。

無論我們信仰什麼，孝敬父母的重要性甚至超越了宗教的認可。從根本上來說，我們被要求去尊重父母，不是因為他們有怎麼樣的品格，而是因為他們的角色、地位。由於某種我們永遠無法完全了解的原因，神選擇了**他們**，選擇了那個特定的女人、特定的男人，讓我們被生下來。我們許多人都體認到一件諷刺的事，這件事讓我露出悲傷的微笑：神挑選來當我們父母的男人或女人，既不認識神，也不願意承認神。又或者，就算他們敬畏神，卻仍然是恐怖而嚴厲的父母。令人想不透的是，我們竟然全都存活下來了！我們之中要是有人走上信主的路，那可真是奇蹟了！不過，我們的確信了主。就算我們的父母、家庭有侷限性，神也從來不會因此而被束縛住。

即使我們覺得父母不值得我們孝敬、尊重，可是神值得。祂把兩方緊緊地連繫在一起：一方是祂自己，至高無上的統治者、造物主，另一方是我們的父母，被挑選出來的俗世生命創造者。所以，如果我們做到孝敬父母，就等於是在榮耀神。摩西（梅瑟）後來所說的話，正是重複神所說的，我們不能錯失其中連結：「你們要聖潔，因為我——上主、你們的上帝是聖潔的。你們每一個人都必須孝順父母……我是上主——你們的上帝。」（利未／肋未記 19:2-3）

就算是一個父親拆散了自己的家庭，我們也被命令要善待那個人。善待的基礎不在於他的罪，而是因為他在我們生命中的角色是神賜予的。這件事情要怎麼賜福給我們？當我們這樣去做的時候，怎麼能夠「事事亨通」？當我們把恩典和善行延伸到我們那背叛神的父母身上，我們便能品嘗到完美世界的一絲甘甜，提醒我們即將到來的是「一個所有隔閡都得到修復、所有傷口都痊癒的新世界，神的國度降臨在我們之間」。

好消息是，我們不必等到擁有一顆溫暖、洶湧澎湃、洋溢幸福的心，才能開始行動。這道命令不要求我們醞釀特定的情緒，也不要求我們去愛父母、信任父母或是順從

1 Albert Camus, "Return to Tipasa," in Philip Thody, ed., *Lyrical and Critical Essays*, Ellen Conroy Kennedy, trans. (New York: Knopf, 1968), 165.

父母（在別的地方，為人子女者會被命令要做到這些），我們只被要求去**為他們帶來榮耀**。榮耀是一種授權，而不是感覺，基礎在於對他人的善有所行動。

要做到這一點，方法不是只有一種而已。不過，對我們所有人而言，可以從老實說出自己在這段觸礁的關係中扮演何種角色開始做起。我們自身的罪可能有大有小，無論如何必須好好盤點一番。如同著名的神學家巴克（J. I. Packer）所寫的，我們所有人，每一個人，全都「害著病，身體受損，傷痕累累，全身疼痛，瘸腿跛腳，步伐歪斜，走向一個比我們所理解的更加偉大萬分的境地」。2

成為榮耀加身的人

去年夏天，我偶然遇見一個來到阿拉斯加的人，最後，我們分享了彼此的故事。賴瑞把他母親的事說給我聽，也談起大約二十年前發生的事，聽起來簡直不像是真的。他母親把酗酒的丈夫踢出家門之後，一個人撫養他長大。她的憤恨沒有停止過，賴瑞從小到大都遭到母親虐待，身上留下傷疤和燒燙過的痕跡。

賴瑞長大之後成為一名牧師，到世界各地的城市遊走。有一年，他開始準備一系列以「原諒」為主題的講稿。他一邊研讀，一邊做筆記，準備引領別人走上原諒的路，自己卻陷入苦惱。最後，他明白必須怎麼做。他拿起話筒，打電話給母親。可是，他撥打電話號碼時，心跳立刻飆速起來，讓他無法呼吸，只好用力掛斷電話。當他終於能夠再一次撥打電話時，他母親接了電話，他開始說起話來。

「媽媽，最近我一直想到您。我發現這些年來，我心裡對您一直感到怨恨、不平。我對不起您！您願意原諒我嗎？」

他母親結巴了好一會兒才說出話來：「嗯，沒關係，所有人都會犯錯。」她覺得很難受，想要掛斷電話。賴瑞知道她不想再聽下去，就趕快接口，說他真心想要為了他對母親的怨恨和敵意請求原諒。終於，他母親輕聲回答：「好，賴瑞，我原諒你。」

一個星期之後，賴瑞的母親第一次去上教堂，放下身段，走上跟賴瑞和解的歷程。

榮耀父母，或者說孝敬父母的方法各式各樣都有，看性格、需求和情況而定。黛娜孝敬父母的做法是開始去接受治療，面對自家人互動的真正狀況，努力走回頭，跟父母建立比較誠實的關係。

凱文孝敬母親的方法是寫信、打電話給她，每年兩次搭飛機橫度國土，去他母親的照護機構探望她，幾年來都沒有間斷，儘管多數時候他母親根本認不出他來。在凱文的一生中，母親拒絕跟獨子建立關係，遺棄了他，可是他沒有遺棄母親。

2 J. I. Packer "Why Holiness is Necessary," Living Bulwark 58, March 2012.

史蒂芬小時候沒有見過父親的面，他孝敬父親的方式是回應父親的要求，到另一個城市去見他的面，跟他一起吃午餐。

伊芳的雙親都有精神疾病，她孝敬父母的方法是跟父母保持關係，打電話給他們。如果她沒辦法親自去探望他們，就寄禮物過去。

我哥哥克拉克孝敬我父親的方法是，在他生命的最後一年照料他。

吉娜孝敬公婆的方式是聽他們的話，遵照他們的建議，離開了虐待人的異教教會。

這些人孝敬不值得孝敬的父親和母親，他們**得到了什麼**？

黛娜的家庭在許多方面有了新的契機，從前的秘密和衝突被說了出來、坦承面對，在全新的信任感之中，一家人共同創建美好的新回憶。

史蒂芬不確定能不能再見到父親一面，他坐在父親對面，心裡強忍著厭惡之情。他父親才六十多歲，可是看起來蒼老得多，體型太胖，蓬頭垢面的，而且是個老菸槍。他打從心裡不想再見到父親。

凱文把他母親的故事結尾說給我聽：「我心裡最大的傷口在於，我想弄清楚為什麼我媽媽不在乎我？為什麼她對我沒有愛？為什麼就算到了生命最後幾年，她還是這樣？」也許是心理疾病讓她沒辦法成為一個好母親，凱文接受了這個說法，不過他仍然信奉孝敬母親的誡命。就算事實上他母親從來做過任何榮耀他的事情，他還是原諒了母親。

我的兄弟克拉克在佛羅里達度過了狂暴騷亂的一年，不過在許多方面，他具體幫助了我的父親：帶他去逛街，陪伴他，送他禮物，把他從護理之家接到康復中心，再接他回護理之家。在侍奉父親的過程中，他深深感到滿足，覺得自己的心被治癒了。**付出愛和尊重的人會有一種感覺，感覺像是自己接受到別人的愛和尊重。**

對許多長大成人的兒女而言，還可以用比較勇敢的方式去孝敬父母——例如抵抗或拒絕破壞性的行為模式或錯誤的決定。嵐荻的父親要她在大學畢業之後搬回家住，她孝敬父親的方式是頂住這個壓力。從小到大，嵐荻被父親控制在手掌心，即使嵐荻已經二十三歲了，他依然不願意讓嵐荻脫離他的掌控。嵐荻在另一個城市租了一間公寓，拉開跟父母的距離，這個距離能夠讓雙方好好想想彼此的關係，想想他們互相傷害的方式。她父親習慣以鐵腕來掌控一切，現在則必須低頭謙卑，一來是因為女兒有了新的力量，二來也是因為他第一次反觀到自己的心。嶄新的關係發展出來了，嵐荻的父親甚至開始去接受諮商治療。

瑪麗已經跟她控制慾很強烈的母親和好了，她孝敬母親的方式是跟她維持關係，不過她不允許母親要求她回家接受掌控。

溫蒂二十四歲了，當她跟父母說她打算跟男朋友結婚時，他們都反對。是的，她父親分享了女兒的信仰，也是一個好人，可是他有種族偏見。溫蒂被父親的反應深深刺傷了，但是她覺得自己必須孝敬他們，畢竟他們是父母，於是取消了婚約。八個月之後，溫蒂明白自己做錯了。她已經二十五歲，不再處於父母的羽翼之下，她發現他們的判斷跟聖經相違背。隔年，她就跟自己所愛的人結婚。在那之後，溫蒂的雙親正視自己的偏見，終於接納了女婿。結婚的第一年，溫蒂的丈夫被診斷出癌症，溫蒂的父母不斷在他們身邊給予照顧和支持。

擺在眼前的這些都是事實。孝敬父母可能會讓事情變得很棘手，讓兒女覺得不舒服，我們並非每次都知道該怎麼做才對。要知道，你生命中的其他人——不論那是你的母親、父親、配偶，任何一個人，只要他們在你生命中牽扯到原諒和憐憫——就會對你施壓，測試你的能耐。那個人可能會步步進逼，對你虧欠得越來越多，同時，他（她）也可能想要回復從前的生活和關係，但是那種生活和關係已經不可能重來一遍了。

黛比曾經跟父親很疏遠，可是他們兩人和好了。黛比努力工作，作為對父親的孝敬，可是她父親想要的卻更多。他想要重新再當一次爸爸，把黛比當成小女兒來看待，彌補女兒小時候他沒有陪在身邊的遺憾。「那件事已經太遲了。」黛比告訴我：「我已經二十二歲了，現在我沒辦法讓他那樣做，到此為止了。」

你父母的生活可能是一團烏煙瘴氣，而你只不過是他們持續傷害、虧欠的眾多人物之一。不過，當你把心轉向母親或父親，孝敬你那不值得孝敬的父母，你就成為另一種人——榮耀加身的人，而且，你讓父母也可能同樣成為榮耀加身的人。

當我們勇敢張開雙臂，無論張開的幅度是大是小，當我們勇敢踏出第一步，我們**將會在這塊土地上事事亨通**，因為我們沒有因為自身或父母的恐懼而扼殺了希望、信仰和愛。要是沒有希望、信仰和愛，我們就不能好好過生活。可是，我們必須清楚一件事：我們的希望、信仰和愛，絕不能寄託在父母身上，而要交託在神的手裡。

那些傷害我們的人可能不知悔悟，永遠也不會。他們可能沒有任何改變，一直是令人痛恨、有傷害性的人，而我們仍然不能信任他們。狄娜不允許她父親接近她的孩子，因為他是個易怒的人，即使她已經原諒了父親，這件事她仍然不允許。瓊的父親是個控制慾強烈、有仇必報的人，她跟父親之間已經重新建立起文明有禮的關係，有時候也會到父親家去拜訪，不過她小心維護著合理的界線，以免她父親再度掌控她的生活。即使在原諒的過程中，你可能必須建立界限，但是，別讓任何事情阻止你實踐這個誡命：「孝敬你的父母。」這是神為了所有人類家庭的福祉而訂下的。

父親的秘密

對於我那不像樣的父親，我也回心轉意了。在我自己的故事裡，我尋找不同的方法，向他表達孝敬之心，開始把我自己的需求放在一邊，提出一個比較大的疑問：為什麼他想盡辦法從我們身邊跑掉？即使我們一家人偶爾團圓相聚，他寧可撇下我們其他人，選擇去一個空蕩蕩的房間。有一天，一件事情靜靜地發生了，答案慢慢浮現出來。

在我兩次去探望父親的空檔中間，我突然想到我父親可能罹患了精神疾病。從小我就知道他跟其他人不一樣，可是我們家沒有人對心智健康有任何了解。我曾經在某個地方，聽到別人小聲說起，幾年前我父親曾經去診所接受觀察和診斷，不過就只聽到這樣而已，其他都不清楚。終於，有一回去看他回來之後，我開始密集上網搜尋資料。

我下了一個猜測，然後開始搜尋「思覺失調症」（schizophrenia）的資訊。我讀了一頁又一頁的內容，找遍了每一個關於人格異常的網站，終於在幾個心智健康的網站上找到詳細的描述。

我心裡存疑，盯著資料看，網頁上說到我父親的每一種特質：情緒平淡漠然，無法跟包括兒女在內的任何人建立關係，始終選擇孤獨，不要有人作伴，種種特質都說中了。我繼續探究下去，發現一些關鍵字眼對我父親的描述精準到怪異的程度：情緒平緩，對幽浮有莫名的固執，擔心自身的安危，對別人的安危則不會這麼擔心。

我長時間盯著那幾頁資料看。我怎麼拖了那麼久才發現到這一點？類精神分裂型人格異常（schizoid personality disorder）！

我還有最後一個疑問，於是在搜尋的關鍵字中增加兩個字：治療。我臉色慘白，等著第一個入口網頁被打開，接著讀了第二個、第三個網頁，它們都證實了一項事實：**我一點也幫不上任何忙**。大部分的「類精神分裂型人格異常」患者從來沒有尋求治療，然而不治療的話，病情不可能有改善。再者，即使做了治療，改善程度似乎也微乎其微。不過，光是知道這一點也算是有幫助了。那一天我哭個不停，隔天還是繼續掉淚。

我把腦海中跟父親有關的所有記憶整理一遍，試著把幾點事實分析清楚：這是個什麼樣的病症？他又是個什麼樣的人？這兩件事情是互相分離的嗎？或者，霍華德．里蘭跟他失常的人格是一體、合而為一的？這是個理也理不清的問題……不過我心裡覺得舒坦一些了。網頁上的解釋很長，針對為什麼他似乎沒辦法愛我們這一點，看了說明之後，我心裡欣慰多了。網頁上也有解釋為什麼他似乎不需要我們或是其他任何人，那不是我們的錯，不是我們引發他疏離和冷漠的行為，也不是我們造成他做出折磨人的行為。可是，我還是覺得困惑。

那麼，他自己要負多少責任呢？如果他有病，可是自己卻不知情，那麼，我還能夠站得住腳，指責他破壞了我們家，指責他拒絕幫我們的忙，還虐待我姊姊嗎？這個病可以作為開脫這些事情的藉口嗎？如果真的如我所聽到的傳聞那樣，他曾經看過心理醫師，知道了些什麼，後來卻沒有進一步去尋求治療，那麼他就要負比較大的責任了，是嗎？可是當時他沒有錢，沒有機會去接受治療啊！我的腦筋在欣慰、責怪、麻痺之間兜來轉去，最後在欣慰上面停息下來。即使沒辦法釐清疾病和責任之間的界線，只能夠知道這些而已，那也總是好的。

儘管我對這個診斷感到十分確定，也得到了一些安慰，不過我的結論跟其他兄弟姊妹的結論卻是不一樣的。我們每個人都曾經試圖去理解父親究竟是個什麼樣的人，以及為什麼他要那樣過日子。其他人推測的原因包括：傷痛的童年、遭到情緒虐待、自閉症……等等。我們要怎麼確定是哪個原因呢？不過對某些人而言，診斷出來之後，接著就是確定狀況，以及，事情到此結束了。

我的一位朋友瑪莉告訴我，她母親最後是在一家照護機構被診斷為躁鬱症（bipolar disorder），那時她已經九十高齡了。瑪莉一輩子都因為她母親奇特、破壞性的行為而掙扎不已，這個診斷不能改變過去的事，可是確實改變了她對過去的看法。

達琳的父親也被診斷為精神障礙，蓋兒的父親也是。本書裡的許多人物發現他們的父母因為憂鬱症、妄想症、躁鬱症、思覺失調症而受苦。

我們很可能永遠無法徹底分析出來，這些病和父母的真正身分之間，究竟有什麼差異？我們也永遠沒辦法真正理解我們的父母，不知道他們到底是健康或生病的。不過，全然的理解並非尊重他們的先決條件，第五道誡命依然站得住腳。我沒見到有一條但書要我違背它，可是其他人卻有違背的理由。

有個女士在網路上寫到她跟母親之間的兩難問題，許多長大成人的子女同樣也面臨了這個問題。她母親已經沒有能力再照顧自己了，不過兒女們沒有人願意接她回家。那個女兒說，她母親是個令人厭惡的人，沒有人願意讓她出現在自己的家裡。她詢問該怎麼做才對？

有一些人回應了她這個痛苦的詢問，其中有一個人承認，我們所有人都感受到自己跟家人有某種關連，不過這個人認為那只是生物學上的基因關連而已，跟道德是兩回事。這個人寫說，最重要的是你對自己有正面的感受，覺得你對待別人的方式是好的，所以，只要是能讓你覺得舒服的事，那就去做。

另一個人建議她放棄那些來自「童話故事大全」的指示，說有些父母根本不配得到榮譽，她的母親顯然不值得她付出關心和犧牲。這個人給的指導棋是：送母親去護理之家，眼睛連眨都不必眨一下。

誰**真正**配得上我們的孝敬和犧牲呢？只有那些曾經照顧我們、為我們犧牲的人才配得上嗎？如果這樣的話，我們就成了小心眼的人，只懂得一報還一報，斤斤計較不讓別人佔了便宜。這種還債方式可能做到了該做的義務，可是其中沒有什麼快樂可言，也談不上恩典。

三月時，我們家的兄弟姊妹飛到佛羅里達去看父親，這是我們十六年來頭一次全員到齊。我們在護理之家附近租了房子，為期四天。從第二天到最後一天，我們在護理之家的前門迎接他，引導他慢慢上車，讓他舒舒服服地坐在前座，然後把他的助行器折起來，收去行李箱。接著，我們載他去租來的房子，共度下午的時光。那是一棟乾淨的新房子，還附設了游泳池。我們溫柔又貼心地跟他相處在一起。

當他扶著助行器慢慢走進屋子裡，我們所有人圍在他身邊，試著幫他一點忙。他吃力地走著，抬起頭來看一眼。當他看到現代而乾淨的室內擺設時，說了一句俏皮話：「有名有勢的生活派頭。」我們全都笑出聲來，對他的敏銳度感到吃驚。

這棟房子不是我們的，不過我們把父親接來這裡，感覺上這裡就是我們的房子，像一個家。自從幾十年前我們離開兒時的房子之後，這是我們首度相聚一堂，同在一個屋簷下。我們從國內地各地趕來團圓，歡迎父親回家，把他帶進我們的原諒之中。我們沒有要求他做一些能力不及的事——說說他自己是什麼樣的人，他這一輩子又是怎麼對待我們的。我沒有問他：「你是不是真的精神分裂？」、「聽說你很多年前去看了心理醫師，那時候有沒有拿到精神分裂的報告？」我們對待他的方式是，在櫥櫃裡放了食物，準備好一棟房子跟他分享，家人歡聚一堂、相親相愛，共同孝敬一個大半輩子都選擇離家獨居、不配得到榮耀的人。

我們歡迎他、圍著他，把最好的椅子讓給他坐，最好的食物拿給他吃，還把長袍放在他的膝蓋上。我們為一個幾乎沒有笑過、不曾對我們展現愛意的人舉辦宴會，我們的愛滿溢出來，在屋子裡、在餐桌旁加倍增生，就像是五餅二魚的奇蹟一般。

那個下午，我們跟父親一起團圓。時間過了一半時，我想起這些話：「你們又聽過這樣的教訓說：『愛你的朋友，恨你的仇敵。』但是我告訴你們，要愛你們的仇敵，並且為迫害你們的人禱告。這樣，你們才可以作天父的兒女。」（馬太／瑪竇福音 5:43-45）

我們不是神，也永遠不應該成為神，可是在這麼微小的事情上，我們的感受卻是無比巨大！此時，我們**彷彿成為了神**。就像神一樣，我們有能力給予這麼多快樂，歡迎一個不像樣的母親或父親，他們甚至不知道自己有多麼需要這一切。我心裡想著，在那個寓言故事裡，誰的快樂是最大的？是那個跛腳走回家、滿心悔恨、對歡慶會一肚子疑問的人，還是那個伸出雙臂，給予擁抱、歡迎和原諒的人？在那棟租來的房子裡，在那個非凡特別、不可能重新再來一次的日子裡，我沒有在父親臉上看到快樂的神采，可是我們全都感受到一股深藏的歡欣，那是一個比表面上還要偉大的奇景。到現在，那個奇景還留在我心裡。

吉兒博士的講解

我們孝敬父母，是因為他們值得孝敬，還是因為我們想要成為給予孝敬的人？我們當然不去孝敬那些不值得孝敬的行為，可是，如果我們每個人可以把「行為者」和「行為」分開來看，至少我們可以孝敬一個事實：父母幫忙把我們帶進這個世界，在我們的生命中擔任了母親和父親的角色。如同我們榮耀總統的角色，即使我們沒有投票給他，甚至強烈反對他的政策，可是對於他當選的權威職責，我們賦予榮耀。

談到適當的榮耀方法時，當別人，甚至是我們的父母，持續做出剛愎固執的行為時，我們還應該榮耀他嗎？惡劣的行徑配得上我們給予榮耀嗎？絕不！榮耀不代表我們要回歸到兒童的狀態，把權力交給行為不當的父母，讓他們對我們為所欲為，不是的。身為正在成長的兒女、已經成長的兒女，我們尤其必須學著對父母不像樣的行為設下界線，不允許他們用難以接受的方式跟我們相處，或是跟我們的孩子相處。他們不能對我們大發脾氣、不能虐待我們，或是在假日時醉醺醺地出現在我們眼前。

事實上，設下界線是跟加害者**維護關係**的一項辦法。所謂界線，不是當著某人的面甩上鐵門，而是用慈愛和堅定的方式說「不」，在這個時候不可以，在這個地方不可以。設下界線的做法對雙方而言都是榮耀，讓任何一方沒辦法用難以接受的字眼或行為羞辱另一方，或是羞辱兩人的關係。

能夠在必要時刻對父母設下界線，意味著我們進入了比較成熟的能力階段。互重互敬跟界線是同時並存的，我們無法只擁抱其中一個，卻捨棄另一個。當我們自立自主，成為一個選擇做出正確行動的成年人，這一點本身就是孝敬父母。在傳統的東方文化中，人們知道一個人的行動會給家族名聲帶來榮耀或羞辱。如果你的父母是不名譽的，找出你**能夠**孝敬他們的事情，不論那件事情有多麼渺小。要成為一個舉止榮耀的人，給人榮耀就是你的選擇。這樣的榮耀幫助了你自己的心，也讓你在天上的父有光彩。

其他人可以幫助我們療癒，引導我們走向榮耀別人的行動和想法。我們在這一章見到的喬伊，透過她給予吉米的愛和安全感，幫助吉米得到療癒。同樣的道理，吉米能夠把愛和安全感給予父親，是因為他想要這麼做，而不是因為他必須這麼做。並非所有人的生命中都擁有像這樣的人，或許我們應該開始組一個屬於自己的十二步驟團體，名稱就叫做「無榮耀者的成年子女協會」如何？

要一個人獨力面對父母的行為是很困難的，而且其中往往有世代循環的力量在起作用：許多不像樣的父母年幼時，他們的父母就是不像樣的，一代一代循環下去。我們往往選擇逃避這個事實，結局卻是悲慘的遭遇更加惡化。我們的直覺或許早就清楚一些事情，可是理智上還沒準備好要接受，我們不確定自己是否承擔得了。

當你的父母是不像樣的人，被另一對不像樣的父母（或親人）撫養長大，你會害怕自己有什麼不對勁的地方，害怕自己根本不討人疼愛。我們很難釐清自己是什麼樣的人，而他們又是什麼樣的人。在上一代和下一代之間，有什麼東西被傳遞下去了？甚至，會不會是透過基因遺傳下去？

要把這些疑問理出頭緒是非常困難的。儘管如此，就算我們接到基因遺傳，我們仍然有責任找出自己能做些什麼，而且要學著去做到，否則，那就好比一個人明知他的家族有癌症遺傳，可是當他摸到腫塊或感到疼痛時，卻遲遲不肯去看醫生，只因為不想聽到壞消息。接著，由於他沒有及早割除腫瘤，結果病情演變成癌症末期。要榮耀自己、榮耀別人，必須先讓自己清楚狀況。

蕾斯莉對父親的狀況有所猜疑，她勇敢地搜尋資訊，在資訊的幫助之下，探究父親的歷史、行為和怪異之處，了解父親究竟是什麼樣的人。而她要孝敬的，就是那樣的父親。我想，蕾斯莉對於那個她叫「爸爸」的人有相當準確的定論。從前，她自以為認識那個人，但其實她並不認識。在我還沒有讀到她的發現、對她的故事沒什麼了解之前，我就打賭她父親有精神分裂症的人格特質和特徵，或許他是個不折不扣的人格異常者。比較起來，在能夠診斷出來的人格異常總人口之中，她父親的這種異常只佔了少少的百分比。患者的人格症狀越僵化、行為越死板、層面越廣泛的話，在人格異常的連續圖譜中，就會落在越低的位置。

許許多多的著作從超越診斷症候學的角度，針對精神分裂症的人格特徵加以描述。也有不少人從心理分析和心理動力的角度，對這種疏離、自給自足、自我依賴、自我維護的人格症狀，提出大量的說明，解釋背後的複雜程度。然而，最容易看出來的一點是，人格異常是極難治療的種類之一，預後往往不樂觀，一部分是因為患者不承認自己有接受治療的必要，或是負擔不起長期治療的開銷，也或許是因為治療進展得非常緩慢、艱難，成果非常有限。

為了避免自己對這種情況感到心灰意冷，因而離開不像樣的父母，加上明白現實世界的人性限制，我們也可以堅定信仰帶給我們的知識，那就是：在神面前，一切都是有可能的！神創造了人，無論世人有何種遺傳或何種能力，神愛世人、想要挽救世人的心，遠遠超出我們的理解。

神的方法不是我們的方法，祂所認為的療癒也不是我們想得到的。即使是耶穌在世的時代，人們盼望的是一個光榮輝煌的救世主，而不是一個受苦受難的奴僕。還記得人們怎麼輕視耶穌、譏笑他是猶太之王嗎？他們根本不了解，神為我們的救贖安排了何等偉大的計畫！

如果你可以參與父母的救贖，盡一份力量，你覺得怎麼樣呢？在神眼前，所有的事情都是有可能的。允許祂運用你，你可能會看見有一種罪被饒恕了，有一顆破碎的心被治好了，有一項關係被修復了——還有，有一個父母被榮耀了。

療癒功課

1. 對你而言，「榮耀」的意思是什麼？首先，心裡不要有任何預設對象，讓你自己好好想一想「榮耀」的概念是什麼，什麼樣的行為是「**榮耀**」的？
2. 再讀一次〈羅馬書〉十二章十八節：「要盡你的全力跟大家和睦相處。」現在讓我們把這段經文拆成三個片段，以便好好審思一番。如果把每一個片段轉換成一個問句，你會怎麼回應？首先，把下面每一個片段的重點字圈起來，或是用螢光筆畫起來。現在，把這些片段設想成問句，試著說說你的想法。
   - **假如那是可能的**？
   - **盡你的全力**？
   - **跟大家和睦相處**？
3. 現在，以你自己的情況，想想上面的經文。

- 以我的情況，要跟父親、母親或雙親和睦相處，那是有可能的事嗎？
- 哪些方面是取決於我？取決的程度又有多少？
- 所謂的「大家」是指哪些人？對於前面兩點，要怎麼證明「和睦相處」是可以做到的？

4. 在你自己的生命中，你有試圖實踐哪些榮耀的行為嗎？舉幾個例子說明出來。別人對待你的哪些方式，曾經讓你覺得有榮耀？
5. 你剛剛舉例出來的榮耀，具有哪些特色呢？你對於榮耀所抱持的價值觀是從哪裡來的？
6. 榮耀跟界線怎麼同時並存在一起？榮耀跟尊重是同一回事嗎？如果我榮耀一個人，是不是也要尊重他或她設定個人界線的權利？
7. 在你和你父母之間，為了建立一份有榮耀的成人關係，需要設下哪些界線嗎？你想到了什麼？
8. 你跟父親或母親之間的界限，在口頭上可以怎麼說出來？做個練習，把可行的表達方式寫在紙上。（例如：「媽媽，謝謝你。可是______對我而言是行不通的。」）界線要說得多麼直接、多麼嚴謹，取決於你的特殊狀況，也要看你跟父母之間的溝通程度而定。

9. 進行一次祈禱，內容是關於你為了天上的父，願意做一個有榮耀的人。向神全盤說出你人間的父母所有做過的不像樣的行為。沒關係的——他早就已經聽到、也看到了全部，不過對你而言，能在祂偉大的肩膀上哭出來，對你是有好處的。然後，懇求祂讓你明白，在不榮耀的人面前，要怎麼做到榮耀？如果你願意的話，寫一份祈禱詞給神，在祂的眼前獻上你的意願，說你願意去做榮耀的事。

10. 你已經對神和其他人說過你父母的哪些行為是不像樣的，可是，你能不能說出一件他們疼愛你的事？之前你祈禱說出他們傷害你的方式，現在何不以他們疼愛你的那件事為起點，開始轉變，為你的父母和他們的療癒而祈禱？

第七章 最後的時刻：和解與修復

如果死亡已經迫近，為何激情不已？
這是怎樣的大地，怎樣的海洋，怎樣的展現！
在痛苦的大廳裡，桌上何等豐盛。

——波蘭詩人傑斯洛．米華殊（Czeslaw Milosz）

艾德・多布森（Ed Dobson）是一名任職多年的牧師，也是《活得像耶穌的一年》（*A Year of Living Like Jesus*）的作者。他站在木板走道上看著池塘，手裡拿著一張紙，紙上有一串人名，那些是他自知在一生當中、在牧師職務上冒犯過的人。在某些使雙方對立的事情上，他確信自己是委屈的一方，不過他決定了，修復關係比論斷誰是誰非更加重要。他要一一寫信給那些人，或是親自登門拜訪，請求他們的原諒。

觀看紀錄了這段經驗的短片著實令人心痛！艾德罹患了葛雷克氏症（Lou Gehrig's disease，俗稱漸凍人），可說是一具會行走的骨架。他早該在十年前就離開人世的，可是他卻多活了十二年的時間，身體日漸衰竭。

我們不是都希望父親、母親或雙親來到我們的門前，謙虛地敲敲門，心裡存著做正確事情的念頭？有多少即將去世的父母做到這一點？又有多少父母在離開人世之前，會還清債務、承認錯誤、請求原諒？那種事情只會發生在電影裡。

在「請來參加我的告別式」（Get Low）這部電影裡，羅勃・杜瓦（Robert Duvall）飾演菲力克斯・布希，一個藏著秘密的老人——這個秘密讓他獨自躲進森林裡，成了一名隱士。他對森林附近的鎮民懷有敵意，孩子們都很怕他。四十年來，他躲藏在森林裡，放棄了婚姻、兒女，也放棄了平常人的生活歡樂。我們不知道為什麼他住在森林裡，直到電影結束之前才發覺：他是為了贖自己的罪而自我懲罰。

當他的心臟逐漸衰弱，他知道自己來日無多，決定該是告解的時候了。他為自己安排葬禮，地點就在他的私人土地上，參加者只有他一個人。幾百個好奇的村民聚在那裡看熱鬧，他走上特別為了葬禮而搭建的木頭講台，對著麥克風說話。一開始，他吞吞吐吐，後來信心越來越穩。他告解他之所以離群獨居的罪：

「我做了自認為羞恥的事，而且永遠彌補不了。當我向查理說出我所做的事情，他要我向神告解，向法律坦承做過的事。我不懇求原諒，我必須堅持這一點，好讓我自己受罪。你知道的，我愛上了一個有夫之婦，那是我唯一的一次愛情。我們打算一起私奔，開始新生活、新家庭……」

他停了下來，呼吸急促起來，接著說出四十年前的夜晚所發生的事。他打算跟情人在她家外面會合，可是當他到達那裡的時候，房子已經失火了。他衝進去，看見她在地上爬行，頭上流著血。她丈夫發現了她的計畫，拿鐵鎚攻擊她。夫妻兩人在大火之中喪命，而菲力克斯獨自逃走了。

他用下面的話來結束告解：「在我看來，這件事很清楚，完全是我的錯……我真是可恥，可恥……現在，如果可以的話，我想求得原諒。我不在意真的一死。請原諒我。」

不到幾天之後，他過世了。最終，他心平氣和地接納自己，也心平氣和地面對從前被他嚴重傷害的人。

我們不需要這麼戲劇化的情節，不過我們希望父母能承認他們在「罪惡與破碎所帶來的普世災難」（見第三章）當中所扮演的角色，即使只是稍稍承認一點點也好。那件事情我們當然也在其中，不過他們說出口的話可以讓事情大不相同。如果他們一輩子都不肯說出來，當他們年老、死神降臨的時候，這些虧欠的帳將會以某種方式定案（抱著希望在等待的人不是只有我們而已，還有許多是慈藹的好父母，希望孩子能來到他們身邊，對他們說出相同的話，承認缺點和錯誤，請求原諒）。只要還有一口氣在，要說出事實、原諒、和解，都是有希望的。

可是，我們不能把這份希望寄託在父母身上。身為母親的人**可以**去敲兒女的房門，身為父親的人**可以**打電話給兒女，但多數時候這些事情根本沒發生，拖過了一年又一年，任憑時光流逝而去。而今我們年齡增長了，明白不應該再繼續等待他們有所行動，這種指望該停止了。也許他們現在年紀老邁，身體越來越差；或者他們還不夠老，可是身體病了，甚至瀕臨死亡。現在，我們該怎麼辦？

如果到目前為止，我們都還沒有付諸行動，那麼該是改變的時候了，把對父母的「需求之愛」（Need-love）轉化為「禮物之愛」（Gift-love）。C.S. 路易斯在他的著作《四種愛》（*The Four Loves*）[1]之中，敘述到「需求之愛」和「禮物之愛」的區別。我們誕生在父母的懷抱中——沒有他們，我們根本活不下去。我們對父母的愛是透過需求而產生的，我們的生命、健康和福祉，全都仰賴父母，那就是「需求之愛」。當父母年紀越來越大，他們回歸到我們的臂膀之中，對我們的需求和依賴，就如同當年我們對他們的需求和依賴一樣。我們可能仍然需要他們的愛，不過我們已經變得成熟了，希望能發展出另一種比較深沉的愛，也就是「禮物之愛」。這種愛的基礎在於單純想要給予、想要愛人的胸襟，無關於我們自身有什麼需求，也無關於對方怎麼回應。這，就是神對我們的愛。

現在這個時刻，就是父母最需要我們的時候，我們有可能把「需求之愛」昇華為「禮物之愛」嗎？

這是很不容易的事，我們被許多相互矛盾的情緒絆住了。我看著父親在床上入睡的模樣，腦海裡回想著醫生說的話：「他有充血性心力衰竭的毛病，只剩下幾個月的生命而已。」我為他虛弱、衰老的身體而難過，怨恨他是那樣的人，怨恨我們之間有那麼大的差異，我害怕他死掉，為他所承受的痛苦感到憐憫。

蓋兒站在她父親的床欄旁邊，漠然地看著他。床上的人已經失去意識，可能再也不會醒過來了。她還沒辦法原諒他，甚至連想都沒想過原諒這回事。畢竟，他做都做了，現在她能夠原諒他嗎？

馮妮顫抖地走進母親的房間。那是她的母親，虐待她的人。現在，在母親斷氣之前

1 C. S. Lewis, *The Four Loves* (New York: Harcourt Brace, 1960).

的最後日子，她該原諒嗎？事情的重點是什麼？

真讓人覺得不公平！這些父母完全不曉得自己到底造成別人多大的痛苦，他們即將一走了之，拋下他們製造出來的所有破瓦殘片，可是每個人卻留在自己的路上撫摸傷痕。他們需要我的原諒嗎？他們即將站到神面前，向神說出原委——他們更需要的是神的饒恕，而不是我的原諒！這些就是我們的想法。即使到了最後這一刻，我們的憐憫之心還在猶豫著，躊躇不前。

在這最後的時刻，誰來告訴我們，路要往哪裡走？

有個人，早已經把正確的路指給我們看了。在祂生命的最後時刻，祂的手腳被釘在木樁上，身體被高高舉到行刑者的上方，但是他沒有沉默地離開這個世界。在血淋淋的十字架上，承受痛不欲生的釘刺之刑，祂說話了。開頭的幾個字——說了什麼呢？不是咒罵敵人和行刑者，像是被吊在祂身旁的人所做的那樣，祂沒有為自己辯解一字半句，也沒有高聲呼求自己的解脫。祂竟然開口祈禱，甚至不是為了他自己。幸災樂禍的敵人圍繞著祂，看著祂受刑、被處死，心滿意足地大聲鼓譟。在眾人中央的耶穌，以粗啞的聲音大聲說出話來，好讓大家都能聽見：「父親哪，赦免他們，因為他們不曉得自己在做甚麼！」

在場的人有沒有屏住呼吸？有沒有覺得自己的心被刺穿了？就在耶穌的痛苦達到頂

點、被行刑者團團圍住的時候，那是最不可能給予饒恕的時刻，而祂是最不可能說出那些話語的人：祂是無辜的，所犯的罪只有為人治療、餵食匱乏的人、扶起喪命的人。在那些人罪惡最深重的時刻，也就是需求最強烈的時刻，耶穌知道他們最需要的是什麼，並且把那樣東西給予他們：**饒恕的可能性**。耶穌不願意讓他們的罪成為祂最後的遺言，祂說：「父親哪，赦免他們……」

他們可以殺了祂——效力只有短短幾天的時間——不過，他們無法阻止祂去實踐祂在人世間的使命：愛人和給予饒恕，即使是賠上性命也在所不惜。

誰可以承受得了這樣的場面？誰可以容得下兩個極端，一端是最深的仇恨，一端是至善的愛。人類只不過是塵土與吐息的混合體，怎麼能夠奢想去模仿這樣的生、這樣的死？可是我已經知道，就算我們有過失，仍然可以用渺小的人類方式做到這一點：在父母對我們的需求最高的時刻，為他們祝福，而不是咒罵他們。在那個時候，無論事情有多麼難熬，憐憫與和解的重大時刻會到來，**改變你的生命旅程，也改變他們的生命結局**。

不完美的原諒

一連幾個月的時間，馮妮跟諮商師會面，讓自己裝備妥當，好面對她的施虐者。當她站在母親身邊，兄弟姊妹們告訴她，母親幾乎已經到了生命的盡頭。馮妮的母親是末期的阿茲海莫症，死期不遠了，她沒有什麼可以給馮妮的，不過事情出乎馮妮的預料，她母親給了她某種道歉的話。「我不應該對妳那麼刻薄的。」她虛弱地說出口。

馮妮早已準備好，她已經努力了幾個月，甚至她或許等候了幾十年的時間，來面對這個時刻。

「沒關係的，媽媽，我原諒妳。」馮妮回答時，把自己的手按在母親的手上面。

之後，馮妮又去看母親兩次。在母親斷氣的那一天，她也守著她。她母親幾乎讓人認不出來了，體重只剩八十磅，滿頭白髮。馮妮坐在她身邊，用手指梳理她的頭髮，摸摸她的腳。她給予母親的，是某種她從來不曾在母親身上得到的東西——愛的撫觸。她一邊撫摸母親，一邊說出安慰她的話：「我希望妳知道我原諒妳，而且，我愛妳。」在馮妮的生命中，這是意義重大的一刻。那個重擔，她從童年開始就背負到現在，隨著時光流逝而越來越沉重，現在終於可以卸下了。馮妮知道她母親仍然要面對神那一關，可是她讓母親脫離自己的評判。

接下來，得到自由的她可以去關心母親的需求，她知道母親需要她的陪伴和祈禱。安養院的護士告訴馮妮，她母親晚上會做噩夢，尖叫說房間裡有漆黑可怕的東西。儘管馮妮被母親虐待長達數十年，她卻為母親擔憂，想在那裡安慰母親。她盼望著，假如母親知道女兒已經原諒她了，將來也就能夠沒有負擔地請求神的饒恕。在最後的那些時日裡，馮妮感到自己對母親的幸福有一份全新、深沉的關懷，對她自己的心而言，這份關懷也同樣具有療效。

我們未必總是有機會能聽到遺言，就算是稍稍承認罪或悔悟的話語，也未必能聽得到。蓋兒趕到醫院，站在父親的病床旁時，他已經失去意識了，他甚至不知道蓋兒就在身邊，不過為時還不晚。她站在他的房間裡，驚訝地看著她的兄弟姊妹和母親——她驚訝的是，他們全都不辭路途遙遠，回來聚在這個男人身邊。這個人似乎有一項天分，那就是搞砸家裡的每一件事情。她的一個家人遠從沙烏地阿拉伯飛回來，而她自己則是從阿拉斯加飛過來。

他一直有妄想型精神分裂症的問題，幾度住進療養機構。蓋兒心裡有許多不堪的回憶，她父親宛如一個專制的暴君，把別人管得死死的。只要他在家，蓋兒或其他孩子都不准泡澡，他們只能偷偷洗頭髮、泡澡，以免他為了用水的事情而大發雷霆。大聲說笑也是不准的，家裡必須沒有歡笑、沒有吵雜聲。可是，在他最後的時刻，蓋兒回來陪在他身邊。他們一家人並不親近，不會向彼此尋求安慰，不過他們全都來了。在臥床的父親面前，他們對他說話，握他的手，為他祈禱。

那天晚一點的時候，蓋兒想辦法在加護病房跟父親獨處，她有備而來。

蓋兒扶著床欄，俯瞰他沒有動靜的身體，說：「爸爸，我真的很氣你那麼不公平，我不感激你不准我們說笑這件事，那真的很難做到。我們隨時都像是走在蛋殼上面，這是不對的！不過我原諒你，而且我愛你。」

後來，蓋兒坐在我的客廳裡，說起二十年前的場景：

我相信我父親聽到我的話了。我跟他說完話之後，我的兄弟正好走進來，那時心臟監測儀跳動了一下。不過，我對我自己所說的話沒感覺，我感受不到愛，心裡沒有任何想要原諒他的渴望。完全是因為信仰的緣故，我知道有一天神會進一步治療我，我也知道將來我會寧願自己有把那些話說出口，所以我抱著信仰的心說了出來。

我想，總有一天我會比較能感受出那些話的意義。我不希望父親再繼續搗亂我的生活，不希望他進入我生活中的其他層面，把原諒的大門封閉起來，在我進墳墓之前繼續控制我。那些話沒有什麼魔力，可是我相信把話說出來之後，事情就會開始轉變成那個樣子。果真如此，從那以後，我心裡就好過多了。

話雖然是這麼說，可是我們的原諒並非就是神的原諒，這一點我們都很清楚。如同前面提到的耶魯大學教授米洛斯拉夫．沃弗在《白白捨去》這本書之中所提醒的，我們所有的原諒，本質上都是令人絕望的不完美：「我們的原諒是有過失的，神的原諒則是沒有過失的。我們的原諒是臨時起意的，神的原諒則具有終極性。我們的原諒很牽強，帶有嘗試的意味；神的原諒則是毫無遲疑，萬分明確。我們甚至常常誤判別人的冒犯舉動而虧待了對方，不過神是以公義、真誠的愛去原諒人。」[2]

當然，就算是父母得到了兒女的原諒，也躲不了必須站在神面前，說出自己所做的事。可是，我們的原諒可以拯救父母免於兒女的譴責。神的饒恕在前方等候著他們，將來如果他們做出這樣的選擇，我們的憐憫見證將會強而有力地照亮神的饒恕。到那個時候，一報還一報的循環就打破了我們每個人都擔心父母的最後歲月：健康每況愈下，能力逐漸消退，喪失自我感，成年的兒女必須承擔不請自來的責任。對於那些沒得到父母栽培的人而言，這些事情尤其困難。不過，即使是經歷到這樣的過程，意料之外的憐憫也會出現。

狄娜是一個牧師的妻子，她連作夢都想不到，在父親生命最後幾年面臨健康危機時，她竟然會每一次都去照顧他。為什麼是她？他一向是個暴戾、易怒的人，用嚴苛的規範去約束太太和七名兒女，強迫他們遵守，跟他相處的日子可說是充滿了恐懼。即

[2] Miroslav Volf, *Free of Charge: Giving and Forgiving in a World Stripped of Grace* (Grand Rapids: Zondervan, 2005), 220.

使是在照護機構裡面，他也動不動就拿枴杖攻擊看護，直到枴杖被人拿走。狄娜的年紀越長，心中累積的怒氣也越來越多，她越來越覺得父親對她和兄弟姊妹們造成無比的傷害。可是，在父親瀕臨死亡的過程中，她一直在他身邊陪伴著。

陪伴父親，她得到了什麼嗎？幾年來，她為了要不要原諒父親而內心交戰。五十歲那一年，有人到她的教會去演講，狄娜終於能夠從自己的怨恨之中，把父親開釋出去。

我終於明白，原諒不是嘴上說別人做的事情沒有關係，而是意味著把那個人從自己的評斷之中釋放出去，交到神的手裡。你跳出原本的窠臼，把審判權交給應該歸屬的人，那個人就是神。

我父親生病的整個過程可說是神給他和給我們的恩典，讓我們成為一家人。他總是大權在握，隨時隨地都要掌控一切。終於有一天，他必須在別人的面前低頭，讓別人來照顧他，讓別人掌控局面，這是個痛苦萬分的過程！不過即使到了最後，即使是在他已經沒辦法說話的時刻，我卻最能夠感受到父親的愛，而且比從前更加濃烈。他會用眼睛注視我們，想要拉我們的手。當我們在他身邊時，他就明顯露出高興的樣子。在最後的時日，我終於感受到父親對我的愛。我很高興那時候我待在那裡，在他身邊。

父母生病時，去照顧幾個月也好，幾天也罷，無論那段時光有多麼難熬，有沒有充滿恩典，那種機會並非人人都能得到。雪柔十九歲時，她父親結束了自己的生命。他開車去醫生的辦公室，不斷要求接待人員去找醫生，接待人員告訴他醫生正在忙，還沒辦法見他。於是他開口借用廁所，然後進入廁所，對自己開槍。

那時，雪柔正在跟男朋友唐諾逛街買洋裝。雪柔的母親瘋狂找她，打電話去服飾店。唐諾接到了消息，可是沒有當場把消息轉告雪柔。

在回家的路上，唐諾把車子停在路邊，跟雪柔說她父親自殺的消息。雪柔不敢置信，認為他在開玩笑。怎麼可能發生這種事？她從來就沒機會去克服她和父親的複雜關係，他是個控制慾很強的人，她很怕他，同時卻也愛他。

至於我自己，我跟父親相處的最後時光並沒有變得很順利。

最後一次說再見

那一回，我去看他十天。到了最後一天，也就是我們在佛羅里達租房子，接他到家裡來的隔天，我和我哥哥陶德陪他坐在他的房間裡，那是一個長方形的小房間，只能容納一張床、一張軟椅和一個小書櫃。書櫃裡有天文學、科學類、旅遊類的書籍，可是他沒辦法再看那些書了。睡床旁邊的牆上掛著一張壁毯，是北方風光和一匹野狼的圖案，其他的牆上還有幾幅油畫。

陶德準備說再見，最後一次的再見。他心裡知道，無論往後再有什麼變故，他都不會來看他了。從阿拉斯加到佛羅里達的路途太遙遠了，而且他有六個孩子，不方便隨時出門。我希望當最後的時刻來臨時，我可以回來看他，可是我不確定我能做得到。我們心知肚明，父親可能活不久了。醫生評估過他的心臟，不過他已經活得比醫生預料的還長命了。六個月之前，醫生告訴我姊姊，他的心臟很衰弱，隨時可能停止跳動。

我父親坐在床上，兩條腿伸到床外，腳板擱在地上，他累了。由於他的心臟很虛弱，我知道他吸不到足夠的氧氣，可是我和陶德不想就這樣離開，想跟他談談我們的生命，說些總結的話、祝福的話。該怎麼開口好呢？

「爸爸，這幾天你好忙，是不是？每個人都來探望你，你一定覺得累了。」我先開口說話。

他微微露出傻笑，眼神飄向別處，說：「我的出名時間每次是十五分鐘。」

我和陶德笑出聲來，他的回答提醒我們，大多數時候他都是獨自一人，我們來看他的時間少之又少。我看到陶德深深吸了一口氣。

「爸爸，你還記得我們小時候的事情嗎？我們過得好辛苦……」陶德坐在我父親旁邊，而我坐在陶德對面。陶德稍微把身體靠向前面，小心翼翼地表現關注之情，避免讓我父親覺得受到壓制。他輕聲說話，適時略做停頓，以便我父親能跟上他所說的話。「我們全都走光了，只要情況許可，就立刻四散離開。我們不太像一家人，可是神讓我們重新成為一家人，是神把我們所有人拉在一起。」陶德的眼神閃閃發亮，而我眨著眼淚。

我父親坐在床上，沒什麼表情，眼神茫然地看著陶德。顯然他覺得很無聊，什麼回應的話都沒說。

陶德和我交換了一個深刻、懇求的表情。我們知道必須做些什麼，可是卻不知道該說什麼，又該怎麼開口。

「我想跟你說，我很高興可以來看你。我愛你，爸爸。還有，我會一直為你祈禱。」終於，我說出這些話，打破了冗長的沉默。

他眨眨眼，把嘴唇抿成淺淺的、不耐煩的傻笑。他不想聽到有關神或祈禱的事。

陶德進一步接話，態度很客氣。「我不知道還能不能夠再來看你……我要跟你說再見，爸爸。我也會為你祈禱的。」

他把頭側向一邊，面無表情，顯然巴不得我們兩個趕快住嘴，然後低下頭去看錶。晚餐時間快到了，他心裡只記掛著晚餐，而不是跟兒女話別。我嘆了一口氣，對陶德示意，指指我的手錶，他緩緩點了點頭。

「嗯，爸爸，看起來是晚餐時間了，你要不要現在下樓去食堂？」

他抬起頭來，兩眼發亮，伸手去拿助行器。我從角落把助行器拿過來給他，陶德幫忙他站起來。

「爸爸，我們跟你一起走下去。」

我們出了房門，沿著走廊慢慢走，陶德站在一邊，我站在另一邊，而我父親彎著腰，扶著助行器走路，每一次前進六英吋。每走一步，他的膝蓋和腿就水腫起來。我們像一部慢吞吞的火車，花了好幾分鐘才走到目的地，我覺得真是被徹底打敗了。

我們走進食堂，裡面都是圓桌，每張桌子有四到六張椅子。所有住在護理之家的人都已經在那裡了，我看見我的朋友莎莉，她的手因為關節炎而扭曲。莎莉滿臉笑容，朝我點點頭。在我父親中風之前，她是我爸爸的菸友之一，每天跟我爸爸一起在抽菸區抽菸，她說他們會聊一些有關神的事情。有一次我去拜訪時，她告訴我：「你爸爸說他是個無神論者。」

「是啊，我知道。二十年前他就跟我說過了。」

「不過我會跟他說有關神的事，」她說得興高采烈：「我們站在抽菸室，比利、我，還有另一個人，我們聊神的事。」

我笑起來，腦海裡勾畫出她所說的場面，幾個人在護理之家後面，一邊分享香菸，一邊聊著神的話題。

我見到那位臉上永遠頂著完美妝容的女士，她看起來不到六十五歲的樣子。當她等待別人送熱狗和罐頭甜桃過來時，很有耐心地坐在位子上，像個國王似的，足足有二十分鐘之久。我還看到珍妮特，她九十四歲了，每天在停車場散步，當作是做運動。我也看到大衛和比利。大衛坐在輪椅裡，比利才六十幾歲，可是已經失去了所有的記憶。

我和陶德幫父親清出一條路來，當我們走到他的座位時，他們全都看著我們。他坐在食堂的後面，桌子旁的牆上掛了一面鏡子，他面對鏡子坐下來，背對其他一起住在這裡的人。

他的食物已經送上桌了，是熱狗和豌豆，他最喜愛的食物。我把助行器拿開，他自己小心翼翼地坐進椅子裡。我和陶德徘徊著，不知道該做些什麼才好。我們想要幫忙，想要改變正在發生的每一件事情，想透過他看得見、聽得到的方式去愛他，用一種能夠穿透他厚實胸膛的方式去愛他——而且，我們希望他把愛回報給我們。

我們兩人在父親的上方對看一眼，知道不宜久留。他吃飯時不跟人說話，也不想要有人作伴，我們很清楚這件事。他一坐好，就立刻吃了起來，所有眼光和注意力全集中在食物上面，似乎忘了我們兩個人還在他身邊。

「嗯，爸爸……」陶德開口了：「我想我們必須離開了。現在，嗯，現在……再見。」

我父親沒有把頭從盤子上抬起來。

我試了一試。「爸爸，很高興這幾天可以跟你相處，跟你在一起是一件很棒的事。我希望可以再看到你，可是我不曉得能不能再過來。」我停頓一下，看他會不會有什麼反應。他緩慢、小心地咀嚼他的豌豆，因為他的牙齒已經掉光了。

「所以……我愛你，我會一直為你祈禱的，爸爸。」我嘆了一口氣。「所以……再見，爸爸。」我彎下身體，親吻他的頭，擁抱他的肩膀，盡我的全心全意。

他沒有抬起頭來看我們，一點也沒有正視我們的存在。陶德和我互相對看一眼，轉身離開。我們腳步沉重，心裡盼望有個一言半句，讓我們回頭。的確，有人開口說話，可是不是他。莎莉、比利、珍妮特，還有其他我們不知道名字、但是一起說過話的人，開口叫我們，對我們揮揮手。

「再見！」

「這一次又看到你，真好！」

「回家的路上一路順風！」

「謝謝你到這裡來！」

「神祝福你！」

我們轉過身，面帶笑容，揮手回應他們。有那麼一秒鐘的時間，我心裡高興了一下，他們看到我們，很高興我們去探望，而且還祝福我們路上順風。可是，開口說那些話的人，卻不是對的那個人。

我和陶德走出拉門，舉步維艱。在跟他相處的十天之中，我們接他到租來的房子、帶他出去吃冰淇淋，讓他的房間充滿我們的身影和回憶，可是他沒有承認自己做過任何錯事，也沒有開口請求我們的原諒。我對那些事情沒有抱持任何希望，可是他連一次都沒叫出我的名字，也沒有謝謝我們任何一個人為了他千里迢迢趕過來，甚至連再見的話都沒說。

錯過的道別、錯過的眼淚

這些就是我和父親相處的最後情形。我心想：**要原諒他這些事情嗎**？這就是「專心一意」帶給人的傷痛嗎？**這些事情能夠因為我之前的原諒而被贖還嗎**？能夠因為他的「類精神分裂型人格異常」而說得過去嗎？情況又開始了：我回想起他的心智異常，回想起他的心臟有多麼衰弱。我在心裡默想學到的事情：在這樣下去的話，我們會不斷傷害彼此——無論有沒有心智異常。生而為人意味著什麼？成為家庭的一分子又意味著什麼？一部分的答案就在這裡。還有，我們每個人對神都有如山一般的虧欠，可是這些虧欠已經被贖還了。另一個天上的父讓我得到自由，祂純然愛我、完全愛我，知道我的名字。我深深感到安慰，可是我無法徹底停止悲傷。

兩個月之後，我接到一通電話。我父親已經停止進食，離生命終點不遠了。那時，我正在聖塔菲進行為期十天的講課。電話鈴聲響起的時候，我正跟一名學生走去參加會議，那是蘿莉打來的。「安養院打電話給我，說爸爸神智清醒，他現在正坐在椅子上，不過他已經停止進食了。他們建議我盡快趕過去。明天早上我會到達那裡，妳能來嗎？」

我不能讓食堂的那幾分鐘成為我和父親相處的最後時刻，儘管那天我離開的時候，下決心不會再去看他了，可是我馬上明白，我必須再去最後一趟。那天下午我上網查詢，找出最便宜的機票，從奧蘭多到科迪亞克的來回機票一共要三千美元，而且我只能停留兩天半。不到三天的時間卻要花三千美元，還要考慮到我的先生、孩子們。他們除了去看過我父親一次之外，根本不認識他，現在他們要我回家，拜託我趕快回家。接下來的二十四小時之內，我夾在課堂和學生之間，把手指頭捏得緊緊的，在馬路上來回踱步，無語地向上天祈禱。我已經離家將近兩個星期了，可是我答應過蘿莉，絕不會讓她一個人去面對父親過世。克拉克已經趕過去跟她會合了，我很絕望，我也想要飛過去。我又怕又累，想到機票的開銷和家裡的幼兒稚女，最後我沒有過去。

我沒有過去。

隔天下午有一場畢業典禮，是為了完成藝術創作碩士課程的學生所舉辦的。就在典禮之前，我又打了一次電話給蘿莉，因為接下來的一兩個小時之內我無法接聽電話。蘿莉告訴我，父親還活著，仍然昏迷不醒，呼吸很吃力。我請她把電話拿到父親的耳邊，好讓我跟他說話。我可以聽到他氣喘吁吁的呼吸聲。「我愛你，爸爸。我希望在天堂看到你。」電話那一頭只傳來他的喘息聲。我跟蘿莉說完話，立刻掛斷。

我臉色蒼白地走進禮堂，渾身顫抖，坐進教師席。音樂、演講、喝采的聲音迴盪在四周，我坐在位子上喘氣，一手按住胸口，免得心臟從嘴巴跳出來。我應該在典禮的結尾說一篇祝賀詞，可是那天我無法開口為任何人說出感恩的祈禱，我根本說不出話來。

這就是我在父親過世前的最後時刻。蘿莉和克拉克在我父親身邊的最後幾個小時也是安靜的。當他們抵達他在護理之家的房間時，他躺在床上，毫無反應。在蘿莉看來，他像個無助的小男孩，頭髮蓬亂的睡著。他們為他朗讀聖經，蘿莉撫摸他的頭髮、他的頭，跟他說她愛他，現在他可以離開了。他臉上的神情有了變化，似乎在回應她，不過時間過得好沉重。她想起他從前做過的所有事情，把他當一個女孩子來利用。她想要抹去那些年的記憶。她恨他！就是因為父親，她的生活毀了許多年。不過，她對他還是有愛的。

兩年之前，在一通電話之中，他請求蘿莉的原諒。他說，她是個內在和外表都很美的人，有一副好心腸，還說他愛她，問蘿莉願意原諒他嗎？蘿莉說了，她願意。不光是因為他開口請求，蘿莉是認真的。在那之前的三年，蘿莉一直跟他有電話聯繫。早在父親開口之前，她就已經原諒他了。不過他開了口，這一點幫助她進一步免除他做過的錯事，不必償還他根本償還不了的債。

接著，蘿莉幫他找照護機構，協助他安頓到住房裡面。後來他中風了，蘿莉為他安排康復中心，還一手包辦他的開銷。被虐者關愛施虐者，確保他晚上有床可睡，每天有三餐可吃，耶誕節有禮物，孤單時有人可以講電話，儘管他從來沒有為她、為我們之中的任何一人，做過其中的任何一件事。所有這些，他全部接受下來，即使偶爾看起來像是心存感謝的樣子，可是，他卻不明白這些事情。他不明白為什麼每個人都對他展現仁愛，尤其是蘿莉。

那天的夜晚是這樣到來的：蘿莉和克拉克默默地回憶、讀聖經、撫摸我父親的頭和手，為他祈禱。最後，蘿莉無法保持清醒，離開那裡去找躺椅休息一下，而克拉克繼續留下來，坐在他的床邊。幾個小時之後，我父親的呼吸變得不規律，克拉克跑去找蘿莉。一會兒之後，我父親嚥下最後一口顫動的呼吸，然後，房間陷入寂靜。

蘿莉呆坐著，麻木地梳理父親的頭髮，把他的手交疊在胸前，親吻他的臉頰，祈禱他跟神同在。接下來的四個小時，蘿莉和克拉克待在遺體旁邊，哭泣、說話。他們找到一本從沒見過的相本，一頁一頁翻開來看。他們不認識他，不知道他發生了什麼事，怎麼會演變成後來的樣子。時間一分一秒過去。

清晨五點，幾個人拿著黑色袋子走進房間。當他們把遺體放進袋子裡面時，蘿莉和克拉克到房外迴避。

而我，不在那裡。神，求您憐憫！我沒有過去。我幾乎願意做任何事，只求能挽回那個機會。

現在一切都結束了。我原本指望他會對我說話，用某種微小的方式回應我的愛；原本我指望可以了解他，現在全都不可能了。我曾經寄信件和卡片給他，祈禱、禮物、電話，所有這一切都做了。要施予的憐憫和愛已經沒有了——也沒有要接受的人了。

☘

如果你有足夠的幸運能接到電話，我希望你能做得比我好。我希望你趕過去，希望你早在電話打來的幾年之前，在父母臥床、無法回應之前，去到他們的身邊。不過，如果時間就是現在，那麼就現在趕過去，千萬別錯失了機會。為了你的父母，**馬上去做！**

這一章之中提到的每一位父親、母親都可能隨時獨自死去，可是最後他們是在親人的陪伴之下離開人世。那些親人是被他們虐待過的兒女，可是卻相聚一堂，關愛他們，為了他們內心的安慰和平靜而祈禱。為了你自己，一定要去做！

狄娜跟我分享她原諒父親的經過，以及，在他最後的日子裡，她從父親身上得到愛，使她有勇氣和信心能走出護理之家，並且終於去做她真正想做的事——成為女牧師。蓋兒出現在父親的床邊，對他說出簡單的話：「我愛你，而且我原諒你。」這些話開啟了通往原諒的門，而且原諒隨著時間不斷加深，產生了療效，讓她也可以去原諒其他人。蘿莉和克拉克照料父親去世的時刻，站在他們所需要的終結點，因而能夠以仁慈的目光回顧從前，心平氣和地活在當下。

我想到在退伍軍人之家孤獨斷氣的那個人。做兒子的說他父親「只不過是另一個可鄙、討人厭的老傢伙」。拒絕去認領遺體。我不認識過世的那個人，不曉得他實際的情況。我猜想，其實他兒子也不認識他，可嘆的是，展現憐憫的機會失去了。單單只是親人出現在那裡，就可以減輕亡者的痛苦，那樣的機會失去了。原諒、和解的機會都無法挽回了。

最重要的是，當我們站在那裡，站在父母的身邊，一個核心的疑問冒出來了：我們要繼續把父母的罪傳給下一代嗎？或者，我們要打破這個自私、摧毀性的世代循環？當馮妮的母親躺在那張她後來斷氣的床上，安養院的護士轉過身來，以專業口吻對聚在病房裡的親人輕聲說：「現在會是你們分享回憶的好時機，分享跟母親有關的美好回憶。」

她環視病房裡的每個人，眼神中帶著期許。每個人都僵住了，沒有人說話。在沒有盡頭的沉默之中，馮妮發誓要活出不一樣的生命，不讓生命結束在哽咽的沉默之中。

在這最後的時刻，我們的抉擇變得非常明確：**我們可以從罪裡面解脫出來**。罪，使我們的父母、祖父母，以及上溯無數代的父母，變得失能、癱瘓，可是在神的促成之下，我們這一代可以結束這個循環。是的，將來我們的兒女離家時，肩上會背負著我們的不完美和親子鴻溝，也會生養自己的兒女，為了兒女而掙扎。不可避免的，將來的每一個世代都會如此——這就是人類的家庭。然而，這個不可避免的事實只不過是凸顯出一點：從神而來的饒恕是源源不斷、沒有止境的。神已經給了我們所需要的一切，讓我們成為完整的人、平心靜氣的人、能原諒的人。我們不允許其他人的罪來壓碎我們、悶死我們，也不允許我們的愛因為忽視和自私而變得沉默。

我們的父母沒有把祝福帶到我們的人生中，可是在他們離去時，我們可以祝福他們。能做到這一點的話，無論有沒有配偶、有沒有得到兒女的協助，此時此刻我們就自行開啟了一項新的傳統，而這當然是在沒有父母協助的情況之下辦到的，他們已經不在人世了。我們從「需求之愛」的種種限制中畢了業，進入到「禮物之愛」的自由自在，前方還有完滿且完整的生命，等著我們去活出來。

吉兒博士的講解

幫幫我！我父親、母親快死了，我該怎麼做才對？要怎麼放下手邊還沒完成的事情呢？死亡能夠在一瞬間發揮結晶作用，讓最重要的事情，讓我們需要或想要的事情，讓永遠不可能成真的事情，一一浮現出來。

當死亡的腳步迫近，我們的心、想法和了解會打開一個洞。那個洞像是一道出口，我們透過悲傷和溢滿淚水的眼睛，對遠方、對永恆匆匆一瞥，心有所感。在生命的最後時刻，我們變得有覺察力，整個人層層剝落，直到生命中最重要的事情露出本質。這些令人領悟的時刻是神聖的，我們把領悟珍藏在心裡，猶如珍藏寶石。

無論療癒的路途走得如何，**允許自己悲傷**是非常重要的一環。悲傷時，我們不逃不躲，讓絕望流入我們的身體，穿透而過，就像篩子的作用一樣，繃緊悲傷，加以提煉。悲傷讓我們開口，說出那些一直想說、卻沒說出來的話。最後，我們所說的話，或者在某些時候，沒說出口而懸在沉默之中的那些話，是非常重要的。

我繼父的睪丸癌轉移到肺部，命在旦夕。有一天我去醫院看他，想讓他知道他對我有多麼特別。我九歲時，他進入我的生命中，直到那一年我十七歲了，他讓我的生命大不相同，跟我那關係斷斷續續的生父比起來，對照尤其明顯。因此我告訴他，我做了一個決定，決定結婚時要請他陪我走紅毯。十七歲的女孩，對婚姻依然有著理想式的美夢。在我能想到的範圍中，那是我對沒有血緣關係的繼父所能賦予的最高榮耀；另一方面，我身為離婚家庭的女兒，內心是衝突矛盾的，我決意把破碎的殘片修補起來。

他看著我，給我一個理解的淺淺微笑，就像我最小的弟弟給我的微笑那般，我最小的弟弟是他唯一的親生孩子。當時他用戲謔幽默的口吻說：「嗯，那樣的話，你動作可能要加快了。」我們大笑起來，而且我曉得，即使我正處於難纏的青少年階段，他知道我是愛他的，而他也愛我。

陪在身邊、趕赴現場，會讓事情變得不同。沒有什麼特殊、深奧、或是有魔力的字眼——從你的肺腑之中，說出你一直想說的話，那才是要緊的。當生命走到盡頭，「怎麼做才對」的感覺會開始產生作用，我們只需要鼓起勇氣去擁抱那個時刻。在某些時候，我們還需要填補自己的一部分故事，而那是父母做不來的事。

我有個朋友，打從他八歲開始，他母親就不斷在醫院進進出出。由於長期的健康問題，加上伴隨而來的情緒問題，她跟兒子相當疏遠，對兒子所做的每一件事都強烈批評。她不斷跟丈夫爭吵、動粗，兩個人當著兒子的面互相丟東西，更別提會彼此高聲吼叫，說出可怕的話來。我的朋友只是個孩子，他覺得壓力很沉重，被父母親撇在一旁。在青少年的大半時期，他只能自己照料自己。他不斷接到醫院打來令人絕望的電話，總是處在緊繃狀態，害怕母親隨時會死掉。這樣的生活持續了十年之久，直到他十八歲時，最後一通電話來了。救護車就在一旁，他陪伴著母親，眼看她進入永生。

令人嘆息的是，他到了成年之後，心裡依然背負著那個好批評、令人難堪的母親，她高亢的聲音盤旋在他所做的每一件好事裡面。他試著讓腦海裡的母親停止開口批評，做法是在尋求別人贊同的時候取悅對方，而那些贊同是他在母親身上得不到的。有一段時期，他的母親情結一直在無形中對他吼叫，對他的家庭生活和工作造成不利的影響。

經歷這種非比尋常的痛苦之後，他問我是不是願意跟他一起去為母親上墳——他的治療師建議他去做這件事，也建議他找個信得過的人一起去。他已經好幾年沒去為母親上墳了，事實上，自從她下葬之後，他就刻意避免去看她的墓。我們一起去了，兩個人坐下來禱告，把母親放在他身上的負面枷鎖拿起來，交給神，同時在墳前、在十字架下面，卸下他的怨恨不滿。現場沒有音樂，沒有打光，只是做一件單純的事，不過意義非凡。他哭了又哭，然後我們一起離開。

我這位朋友的母親過世之後，接下來的幾年內，他跟父親重修舊好，建立了關係。相對於過去那麼多年來的憤怒、沮喪、疏遠，取而代之的是互相尊重和理解。藉由跟基督的關係，兒子饒恕了父親，感動父親軟化下來，給他回應，兩人終於和解收場。

我們盡自己這一方的本分，克服生活中的重重難關，走到可以原諒父母的那個點，不只是內心如此，行動方面也確實做到。至於父母那一方是否有所回應，讓和解成為可能的事，那就不是我們可以決定的。我們遵從神的話，明白「溫和的回答平息怒氣」（出自〈箴言〉十五章一節）。可是，我們無法讓父母堅硬的心腸軟化下來。儘管如此，當我們拿掉自己身上的障礙，神就可以運用我們。以我朋友的例子而言，他父親懷著感恩之情，努力補償對兒子的忽略，並且兩人一起哀悼兒子所失去的童年。

這樣的結局的確相當美好，不過距離幸福快樂還很遙遠。要修復傷害和痛苦，我們必須付出代價。唯有選擇把神看得比什麼都重要，並且原諒父親的罪，才有機會避免關係破碎，走向更好的結局。我朋友和他父親雖然住得相隔很遠，不過現在他們每天跟對方講電話。

相較於「需求之愛」，「禮物之愛」的層次比較高。第二種愛不是「因為父母如何如何，所以我愛他們」，而是「儘管父母是那樣的人，我仍然要愛他們」。並非所有人都能夠給予「禮物之愛」，做到這個高層次的召喚，只有當我們的生活和所有情緒反應都不再因為父母而搖擺的時候，才有可能做得到。

這個意思不是說我們再也不用奢求父母的關懷，也不是說沒有療癒可言，最終不會得到美好的結局，不是的。這裡的意思是，我們的想法已經超越了，不再每天盼望父母的肯定。我們放下這份期盼，允許其他人進入我們的生命中，他們可以給予我們不一樣的東西。我們從別的地方找到安全感和安慰，知道自己可以過得好，將來也可以過得好——長久以來，我們一直盼望父母有所回應，而現在，不論他們回不回應，對我們都沒有關係了。

療癒功課

1. 在你的生命中，有沒有曾經因為生離死別或是長期的疏離，而失去一個非常親近的人？把這些重要的人列出來，無論他（她）是不是你的父母。
2. 想想看，就算那些人離開了，他們跟你相處的最後時光或是最後所說的話，對你產生了什麼影響嗎？
3. 花一些時間回憶離你而去的父親或母親，你跟他們最後的交談或相處是什麼情形？你還記得當時的事嗎？腦海裡有浮現出當時的情景嗎？你記不記得那次相處之後，你對自己說過什麼話？
4. 如果有機會重新再來一遍，你能跟父親或母親相處一天也好，一小時也罷，你想要做什麼事情、不做什麼事情呢？或者，你想要說出跟從前不一樣的話嗎？想像一下，這樣的機會可能會帶給你什麼？

5. 即使你的父親或母親已經過世，這只是個假設，原諒對你而言還是很重要的。原諒之後，你的心才能夠走出墳墓的範圍。無論你的父母只是在你的人生中缺席，或是已經離開人世，他們跟你之間有某種連繫。你有什麼方法去鬆開這個連繫嗎？好讓你在父母離開之後，可以心平氣和地繼續活下去。

6. 你覺得有哪一樣東西是你在父母身上從來都沒有得到過的？沒有得到那個東西讓你很傷心嗎？為了擁有那樣東西，接下來你會怎麼做？在你目前的生活中，你可以用什麼方法去實現擁有那樣東西的心願？

7. 關於你的父親或母親，你最珍愛的回憶是什麼？有沒有哪一個時刻，你們雙方是心心相連的？（對某些人而言，這個問題可能是沒有答案的。）

8. 當父親或母親過世了，跟他（她）和解的希望也跟著破滅了。你有沒有因為失去這種希望和期盼而傷心過？父母過世之後，這份希望有可能轉化為永恆的和解，神療癒了所有的破碎，以慈愛、公正的方式對待我們每一個人。你能夠看見你父母的人性和破碎嗎？

9. 當父親或母親還健在的時候，你對他們有什麼盼望嗎？以你現在對父母的了解來看，當時的那些盼望是合理的嗎？關於你自己身為父母的角色，你也有同樣的盼望嗎？你有沒有做到這些盼望呢？

10. 你過世的父親或母親最後是從哪裡獲得平靜呢？在他或她的生命中，有什麼黑暗面從中阻撓，讓他（她）無法跟你建立良好的關係，享受親子之樂？從前你認定為真的事情，跟現在你所知道的實情，你怎麼看待這兩方面的差異？

第八章

哀悼之後：療癒記憶，挽救過去

想擁有快樂的童年，永遠都不嫌晚。

——美國作家湯姆．羅賓斯（Tom Robbins）

原諒不會刪除痛苦的過去……原諒難以忘懷的事，反而能創造出全新的記憶方式。有關從前的回憶，將被扭轉成對未來的希望。

——倫理學大師路易斯．史密德（Lewis B. Smedes）

時間是六月，蘿莉、克拉克和我三個人來到沙灘，氣溫是華氏九十五度（相當於攝氏三十五度），濕度是百分之九十。空氣很濕重，讓人難以呼吸！海水看起來灰灰的，波浪相當平靜。我們懶洋洋地走著，口袋裡放著裝骨灰的夾鍊袋。天氣悶熱得令人無精打采。我們只有兩天的相處時間，非常短促，可是我們已經心滿意足了。我父親過世三個月之後，我們才有空返回佛羅里達州，為的就是這件事。

那天的計畫原本不是這樣的。我們本來打算租幾艘獨木舟，把骨灰灑在河裡，讓骨灰順流而下，融入大海，可是當我們抵達租獨木舟的地方時，已經快到打烊時間了。我們不想倉促了事，改去海邊的話，時間就寬裕得多。

我們慢慢走上沙灘。這裡的沙灘不怎麼白淨，比不上薩拉索塔的水晶沙灘。五年前，我曾經跟父親一起去過那個沙灘。這裡的沙子是淺棕色的，沒什麼特色，不過海灘上空無一人，這一點倒是很完美。

那天早上，我和蘿莉先去克拉克的家。我們懷著驚奇和敬意，把一包沉甸甸的棕色袋子從櫃子上拿下來。克拉克沒有事先把袋子打開，他要等我們一起動手。那是我父親身後留下來的東西，我們捧在手心裡——在我們抵達那裡之前，許多事情已經有人事先幫忙處理好了，這是我們第一次捧著它。袋子的重量讓我暗暗吃驚，大蓋有十磅重吧！即使我父親已經過世了，依然很有分量。我們一起動手打開，紙袋滑落而下，露出一個木盒子。接著打開一個環釦，裡面還有個小一點的盒子，用螺絲鎖得緊緊的。克拉克得去找一根螺絲起子，才能把它打開。終於，我們看到了塑膠盒裡的灰色粉末——那是一個生命、一具軀體火化之後的遺灰。我們拿起湯匙，小心翼翼地把骨灰舀進我們各自的夾鍊袋裡，然後密封好，放入口袋中。我們的手因為敬畏而微微發抖，心中油然生出一股神聖的感覺。

這一天算是葬禮日，可是我們沒有安排特定的儀式，沒有特別為父親舉辦什麼。有誰會來參加嗎？我們又應該說些什麼呢？就我所知，唯一自稱是我父親朋友的人，只有護理之家的莎莉而已。然而，一個生命，不管那是什麼人的生命，最後結束時，都不能不加以誌念，總要有個人來說：**這是霍華德．里蘭，一名男性，曾經活在這個世界上，孕育了六個兒女。他是我們的父親，他的生舉足輕重，他的死也舉足輕重。**我們要說類似這樣的話來緬懷他。

「你還記得嗎？到了夏天晚上，我們全都跑到外面的草地玩獨輪車比賽，用頭頂倒立，還有玩跳青蛙。有時候爸爸會來外面看我們玩。」

「他有沒有跟你們說他發生轉變的故事，說他是怎麼開始相信幽浮的？」我們笑了出來，三個人互相比較聽到的版本。

我們繼續走著，一邊走，一邊踢腳上的沙。

「他從來沒有刻薄地對待我們。」克拉克說。

蘿莉沒有說他趁著黑夜去找她的事情。

我沒有說出他離家而去的事，還有他對我們一無所知、用皮帶打我們的事。

「我寧願以前曾經照顧過他，我想要他搬來住在我家隔壁。」

每想到一件事，我們就停頓一會兒，然後又想到另一件事。海鷗在我們的頭上哀鳴。我們不停地走著、走著，每一步都心事重重、小心謹慎。

「你有看到爸爸跟那個女生的照片嗎？那是他在結婚之前拍的，他曾經有女朋友！」

「他還有什麼事情是我們不知道的嗎？」

我們安靜下來，沉思這件事。

「還記得他讀報紙給我們聽的事情嗎？以前我很氣這一點，他沒辦法跟我們說話，可是我們卻必須聽他讀報紙。」

我們撿起貝殼，還幫一隻藍色的大蒼鷺拍了幾張照片。那隻蒼鷺一動也不動地站著，直到我們距離牠不到一英尺，牠才飛走。

「他愛大海，卻不會開船。」

「他一輩子都夢想能去世界各地航海。」

「我懷疑他過得快樂嗎？」

「有誰能知道他快不快樂呢？」

「至少他有一段時間是住在海上。」

一個小時過去了，回憶從我們的指縫間篩落，怨恨早就沒有了。我們為父親感到難過，他一生中的歡樂寥寥無幾。天氣悶熱得讓人難受，不過是時候了。我們三個人不曉得該怎麼轉換到接下來要做的事。在成長的過程中，我們從來沒參加過任何典禮或慶典，而且我們是新教徒，沒有各種禮儀——只有必要的儀式。終於，我們停下來看著對方，彼此點點頭。

「我們走到水裡吧！」克拉克建議。

我們涉水走進海裡，泡沫打上我們的膝蓋。海水暖暖的，就像血液的溫度一樣。

我掏出一張折好的紙。「打開袋子之前，我想要讀一些東西。」那是我讀過好幾遍的經文，〈詩篇〉（聖詠）裡的幾個小節。我們頂著炙熱的陽光，站在溫熱的鹹水裡。我開始讀：

上主的應許信實可靠；
祂所做的一切盡都美善。
祂扶助遭患難的人；

祂扶起被欺壓的人……
上主親近所有求告祂的人；
祂接近誠懇求告他的人。
祂要成全敬畏祂的人的心願；
祂要垂聽他們的呼求，拯救他們。1

我不知道我父親在生命的最後關頭有沒有敬畏神，或是向神求告，就算腦海裡、心靈深處只有一點點敬意也好。不過，這些話是為我們自己而讀的。我們互相牽著手、哭泣，而我祈禱。接著，我們各自後退一步，拉開距離，以自己為圓心，執行一個任務：打開袋子，舉起來，灑落，傾倒，讓父親的遺灰回歸他最愛的大海。

我們幾乎完成了，不過還沒結束，我們還要誌念、哀悼。我們三個人慢慢往回走，重新開始交談，而且談得更多。那麼多年來，父親沒有跟我們住在一起，我們幾個兄弟姊妹也不常有機會說話，沒有陪伴在彼此的身邊。我們一邊走，一邊談起這幾年的歲月。

最後，我們回到車上，用剩餘的體力找一家海灘餐廳，一起吃晚餐。用餐時，多數時候我們都安安靜靜地吃，不過我們知道，我們之間的交談和回憶不會到此結束。

以特定的方式記憶

前面所寫的事情沒有一件是非凡特別的，不過那是我們曾經活過的日子。因為我們的父親，因為他的離世，我們的生命才會走過那些路，那是專屬於我們的記憶，我們有責任帶著那份記憶去完成一些事，讓記憶形塑我們的生命，走往該去的方向。光是憑直覺，我們就知道「原諒，然後遺忘」是行不通的，遺忘充其量只是個虛偽的希望。談原諒之前，必須先加以回想。不去回想的話，我們無法坦白說出發生過的事，也無法憑著單純的假裝或否認，就讓從前發生過的事情消失無蹤。

我們是受到時間牽制的生命，回憶寫在我們的臉上，記錄在大腦的皺褶紋路裡面，我們身上有傷疤，有燒燙過的痕跡。即使我們渴望放棄那些形塑我們、甚至令我們心神不寧的回憶——卻不可能做得到，而且也不應該那樣做。派翠西亞．漢普大力主張我們應該要回憶，因為「我們並非……只是單純擁有經驗而已。對於經歷過的事情，我們承擔著責任，必須做一些處理——從中萃取出一些什麼來。我們見證了事情的發生，背負著見證者的重擔，而這份重擔唯一可能的落腳處，就在於我們所領會的故事。」[2]

1 〈詩篇〉一四五章十三至十四節、十八至十九節。

2 Patricia Hampl, *I Could Tell You Stories* (W. W. Norton).

舉國上下的人都明白這一點。我們花數百萬美元去銘記戰爭，緬懷大屠殺，紀念世界貿易中心遭到恐怖攻擊。創傷越深的事情，我們就越有責任要牢記不忘。如果我們不記得這個國家的人從前遭遇過什麼樣的事，將來就無法知道自己是什麼樣的人。

即使是祂——那唯一的一位，有能力撫平舊傷、療癒一切的人——也不會這麼做。當時間走到盡頭，當所有的一切都被修復了，耶穌將會淌著血重返人間，傷勢依舊，手上、身上的釘傷明顯可見。這位救世主並非沒有承受過致命的傷害，這個安慰者並非沒有忍受過創痛。我們為何要選擇空白一片的過去，而不去選擇獲得療癒、挽救的過去？那麼，就讓我們牢牢記住。不過，我們有責任**以特定的方式去記憶**，如同格雷戈里・瓊斯的著作《原諒別人，如同我們曾被原諒》（*Forgiving as We've Been Forgiven*）所主張的，要「善加記憶」[3]。

有許多指南幫助我們善加記憶，著名的小說家、傳記作家傅瑞德・畢克納（Frederick Buechner）就是其中之一。在一系列的四冊傳記中，他挖掘自己曲折複雜的生命。小時候，他實實在在每年都搬家到一座新城市，就讀新的學校；每搬一回，照顧他的人就跟著不一樣。然後，悲劇降臨了！十歲那一年，他父親用一氧化碳毒死了自己的生命。

畢克納帶著這個陰影長大成人，當上長老教會的牧師，也開始撰寫著作。他很清楚記憶的價值——以及記憶的威脅性。我們很容易讓自己淹沒在對於往事、對於加害者的怨恨之中。畢克納開玩笑說，在七宗死罪裡面，怨恨無疑是「最有趣的」罪。「舔你的傷口，津津有味地品嘗對久遠往事的不滿……別人加諸於你的痛苦，以及你反擊給別人的痛苦，被你當成調味料，灑在最後一口美食裡面——就許多方面而言，這是很適合國王享用的盛宴，不過有一個最大的缺點，那就是：被你狼吞虎嚥吞進肚子裡的食物，其實就是你本人；餐盤上的那一把骨頭，正是你自己。」[4]

我們所有人在這場盛宴上大吃大喝。幾十年來，我們啃咬骨頭，津津有味地品嘗父母和其他人的罪，那些罪一年比一年更加深重。這樣的大餐多數人吃得咂嘴有聲，還露出牙齒，然而吃完之後呢？多數人做些什麼事？我們拖著同一把骨頭躺到床上去——那可是我們自己的骨頭呀——在被子裡縮成一團。到底是誰對誰做了什麼呢？為什麼要那麼做？怎麼能夠那麼做？儘管我們用盡全力，慷慨激昂、氣喘吁吁地朗讀經文，我們既不覺得吃飽了，也不感到溫馨。我們必須使出一切力量，才能維持這些被創造出來的病態東西——痛苦和怨恨——繼續存活著，可是我們卻樂此不疲。

在這樣的情況下，實在沒有生命、健康、喘息可言。現在我們明白了這回事，必須改用不一樣的方式重新回到過去。只要我們願意，從前發生的事可以帶給我們智慧和

3 L. Gregory Jones, "Healing the Wounds of Memory," in L. Gregory Jones and Celestin Musekura, *Forgiving as We've Been Forgiven: Community Practices for Making Peace* (Downers Grove, IL: InterVarsity, 2010).

4 Frederick Buechner, *Wishful Thinking: A Theological ABC* (New York: Harper, 1973).

療癒。如同畢克納所寫的：「過去多少年來，凡是發生在我們身上的每一件事，神都放入了新生命和療癒的可能性。儘管當時我們可能錯失了機會，就算時間已經過了那麼多年，我們仍然可以做出選擇，讓自己回復生命，得到療癒。」[5]

我們已經開始回頭審視，清點記憶，也開始以同情的胸懷去看父母。從站在山頭上的天父歡迎浪蕩兒女回家的故事，我們明白神的饒恕已經臨到我們身上。我們知道自己有責任去原諒別人，因為我們自己的所有事情已經得到了饒恕。以上所有這些都是必要的、良善的。

然而，除非我們提出一個艱難的疑問，否則我們無法善加記憶。我們已經看過事情發生的來龍去脈了，當我們想想父母，想想他們兒時的生活，以及他們怎麼會弄得遍體鱗傷，我們就開始了解**自己的童年是怎麼回事**。可是，我們還沒弄清楚「為什麼」？那些事情**為什麼會發生在我們身上**？也許我們從來沒有被鼓勵去問為什麼，可是如果不找出這個疑問的答案，我們的內心永遠無法平靜。

找到創傷的出路

現在，我們就來談這個問題。為什麼我們沒有得到原本應該得到的快樂童年？蘋果樹、白圍牆和下課後的巧克力餅乾到哪兒去了？晚上為我們祈禱、幫我們蓋好被子的媽媽在哪裡？教我們打棒球的爸爸去哪兒了？為什麼有些人被親生父母和繼父母推來推去？為什麼其他人怕父親怕到必須躲起來，有的人則不得不從母親身邊跑開？神為什麼不阻止這些虐待小孩的事情？在我們年紀還那麼幼小的時候，為什麼痛苦就鑽來跟我們住在一起？

有許多次我們不知道為什麼，不過話說回來，我們之所以失望，根本原因往往在於一個深層的假設——對於生命意義的假設。所有人都想過著幸福、實踐理想、舒適的人生。以美國人而言，我們相信「生命、自由、追求幸福」的權力是人人與生俱來的。[6]像我們這種定期上教堂的人，對這一點更是深信不疑，不知不覺當中就吸收了一種見解：身為美國人的我們不僅僅擁有美國夢，加上我們本身是基督徒，生命與神同在，這一點讓我們獲得幸福的機會比別人更高。我們想要、期盼過得快樂，得到神的保佑。

賴瑞．克萊布（Larry Crabb）是最暢銷的心理學家之一，他在《破碎的夢：神出人意料的喜樂之路》（*Shattered Dreams: God's Unexpected Path to Joy*）這本書裡面，談到這個期盼：「真誠的基督徒在神面前所遇到的難題，往往可以歸結為一個錯誤的理解。這

5 Frederick Buechner, *Telling Secrets* (New York: HarperCollins, 1991), 33.

6 出自〈美國獨立宣言〉，一七七六年。

趟人生要帶給我們的，究竟是什麼呢？我們自然而然有個錯誤的假設，以為我們來到這個世上是為了經歷某些事情，可是神並沒有許諾過那些事情……我們假設自己之所以來到世上，有個根本的理由是為了**活得開心**。」7

在《我為什麼相信》（*The Reason for God*）這本書裡面，牧師提姆．凱勒（Tim Keller）提到人們把「宗教的基本前提」界定為「如果你過著良善的生活，就能事事亨通」，但是凱勒肯定地說，這個前提根本完全就是錯誤的。他提醒我們想一想，耶穌自己的生命過得怎麼回事？祂是有史以來道德最純淨的人，可是祂的生命卻充滿了「貧窮、被拒絕、不公義，甚至是折磨」。8

我們必須提問的事情，比我們自身的失望和痛苦更高一層。我們必須問，神是這個世界的主宰嗎？或者不是？如果祂是主宰，為什麼這麼好的神會允許如此不幸的事情發生在最幼小、最脆弱的生命上？

在內心深處，我們可能會把一部分的原因怪罪於自己，相信那是自己的錯。**我做錯了某些事情，是我是罪有應得。我應該當個乖一點的小孩，在學校表現得聰明一些，體育方面應該要拿手一些，更聽大人的話才對。**我們心裡這樣想。又或者，我們可能怨怪神。我們相信祂是無所不能的，可是祂卻不夠好。如果神真的好，為什麼祂不及早阻止虐待的行為？對於我們自己，對於父母和神，我們很可能相信各式各樣的謊言，因為我們不知道要怎麼把痛苦跟神的愛兜起來。

關於這個古老的疑問，我無法用少少幾段話就加以回答，不過我們可以更貼近真實面，看看我們自己是什麼樣的人，而神又是什麼樣的神。祂是創造我們、渴望我們、愛我們的神，不願意我們當中有任何一個人沒受到祂的照料，竟然走向枯萎。祂是個愛我們的神，不會跟我們作對。祂同時創造了光明和黑暗。「祂雖然使我們憂愁，但對我們的愛堅定不移。祂不是存心要我們受苦，或使我們愁煩。」（耶利米哀歌 3:32-33）這個神允許我們選擇走自己的路，也見證了我們父母的選擇——酗酒、刻意忽視、暴怒、遺棄孩子——祂的心無比悲痛！在我們傷痛萬分、磨難受挫的歲月裡，神並非沉默無言，或是沒有任何作為。無論在我們感受到仁慈或傷害的時刻，神都一路相伴，引導我們、照看我們，帶我們走向祂，走向更好的人生。

最近我跟一位新朋友蘇珊一起吃午餐、聊天。在她大半的童年時光裡，母親都待在精神療養院，父親則是在坐牢。七歲以前，她是由信奉神的阿姨和姨丈撫養長大的，他們對她非常慈愛，呵護備至。透過阿姨和姨丈兩人，蘇珊感受到神的存在。離開阿姨和姨丈之後，她的家庭生活雖然淪落到一團混亂，甚至折磨人的地步，可是神的恩典已經

7 Larry Crabb, *Shattered Dreams: God's Unexpected Path to Joy* (Colorado Springs: Waterbrook, 2001), 31.
8 Timothy Keller, *The Reason for God: Belief in an Age of Skepticism* (New York: Penguin, 2008), 182.

在她內心留下永恆的印記。

儘管多數人的生命都曾經遭受痛苦，但是最終腐蝕我們的，卻不是痛苦本身。我們對於痛苦的反應才是關鍵所在，決定了我們將來要過何種人生、成為何種人。我們可以選擇辛酸和怨恨，讓自己被腐蝕掉，或者，我們可以讓痛苦帶領我們靠近神和其他的人。心理學家賴瑞・克萊布發現，**一個沒有經驗過深刻痛苦的人，發展不出認識真實生命、享受真實生命的能力**。他在書中談到，人的一生免不了會遭遇到痛苦，可是事情不只是如此而已，「在追尋喜樂的漫漫長途上」，痛苦是「必經的一哩路」。[9]

直覺上，我們其實很清楚這是千真萬確的事。這樣的事實可以扭轉我們記憶從前的方式，扭轉過去帶給我們的影響，無論事情已經過去多少年了。

茹比四歲時，她妹妹在一場意外中喪生了，到現在茹比還記得那場意外。那件事情發生之後，她父母的生活就土崩瓦解了。茹比長到十歲時，她母親已經發作過十二次情緒崩潰，最終以離婚收場。茹比後來跟父親生活在一起，而她母親因為思念女兒，又一再深深陷入憂鬱之中。茹比被兩個家庭撕裂開來，上學期間她住在父親和繼母的家，週末則是跟哀傷、窮苦的生母一起度過。她跟母親相處時，母親不斷對她說：「我好傷心，沒有人愛我，生命真不值得活下去。」

茹比十六歲那一年，她母親試圖自殺，被送進醫院，只剩一絲氣息。另一個家人也在場，站在病房門口跟警察說話。他遠遠指著茹比說：「就是那個女孩，全是她的錯！發生這件事情，她是罪魁禍首。」

那個晚上不只是這樣而已。有個病人剛剛過世，值班醫生對茹比母女沒有半點同情之心。「妳媽媽可能活不過今天晚上。」醫生對茹比出言唐突，接著以更不高興的口吻，衝著茹比說：「我剛剛失去了一個**想要**活下來的病人！」

這麼大的悲痛和罪過，怎麼能夠扣在一個十六歲女孩的身上？那麼多年來發生過那麼多事情，茹比根本就是孤單一人，沒有求助的對象。

幾十年之後，我在某個晚餐的場合認識了茹比。她是個活潑、善良、外向的人，從事諮商顧問的工作，每個星期二晚上帶領一個團體，參加成員是喪失親人、陷入困境的小孩。我們吃飯時，她提到有一次她去尼加拉瓜旅行，在當地協助藥物上癮的婦女。她很清楚原諒是怎麼一回事，也很清楚原諒如何把從前的事扭轉過來。她把她的人生故事說給許多人聽，可是她並沒有繼續活在往事裡面。「我從那些事情學到很多，也成長了。」她告訴我：「我的人生旅程不要繼續走在那條痛苦的路上，我想要運用那些人生經驗，它們幫助我成長得更堅韌，也幫助我去拉別人一把。」

愛莉森．貝克斯（Allison Backous）目前大部分的生活時間都沉浸在往事之中，她

9 Crabb, *Shattered Dreams*, 4.

正在寫回憶錄，敘述她在酗酒、寡母的家庭裡是怎麼成長起來的。她小的時候，每天的糧食就是貧窮、淒涼和無助。在撰寫的過程中，她體悟到她必須「善加記憶」，她對從前的回憶必須帶給別人祝福。「如果我要動筆寫，如果那意味著要祝福別人，那麼我最好承認我的過去、我的人生帶有什麼樣的神聖性。我最好寫下我的記憶，不是出於貪婪或怨恨，而是為了探尋真實的故事，這也包括要祝福我的母親，儘管她的內心是破碎、擔憂的。如果我要成為作家，我最好給人祝福。」10

當傷痛被賦予力量

這些人的故事，讓我想起有個名叫保羅（保祿）的人，他的一生真是苦難連連：遇到海難、被人拿棍棒毆打、坐牢、被軟禁多年，還有三次被人公開鞭打到差一點斷氣。他住的地方不斷變動，無論走到哪裡——城市、鄉村、海上——危險總是跟隨著他，而且老是衣食短缺，睡眠不足。這麼辛苦的生活方式，他熬了幾十年。

當我在《新約聖經》中讀到他寫的信時，我很驚訝他的身體耐力真是非比尋常，不過更令我驚奇的是他的情緒耐力。他寫在信裡的生活充滿艱辛、殘忍和迫害，可是他的字裡行間沒有半點痛苦或責怪的語氣。他沒有把迫害者的名字一一列舉出來，也沒有策劃去報復他們。他歷經了各式各樣的磨難和試驗，身為基督的追隨者，那些磨難變成他的生活模式，可是他堅忍不屈，永遠信心滿滿地面對未來。

保羅面對的敵人那麼多，記憶裡的創痛那麼沉重，他是怎麼熬過來的？他怎麼能堅持到底，闖過重重試驗，卻沒有一絲復仇的念頭？詳細述說種種艱辛之後，保羅告訴對方他之所以能夠不屈不撓、樂意接受磨難的秘密：神的臨在與陪伴。神告訴過他，並且一而再、再而三向他展現：「你只要有我的恩典就夠了；因為我的能力在你軟弱的時候顯得最剛強。」（哥林多／格林多後書 12:9）

在保羅歷經千辛萬苦的過程中，神一直陪伴著他，這一點改變了所有的事。保羅可以誠實地記住他所受的苦，說出事情的真實狀況，可是他善加記憶，對於那些傷害他的人沒有半點怨言或報復之心。對他而言，敵人的攻擊變成祝福他、使他堅強的康莊大道——對其他人而言也是如此。關於抵禦痛苦的方法，他的結語是：「為了基督的緣故，我樂意忍受虛弱、侮慢、艱辛、迫害和困頓；**因為我甚麼時候軟弱，甚麼時候就剛強。**」（12:10）

我們可以變得多剛強呢？第二次世界大戰結束的時候，解放軍抵達了納粹監禁婦女的集中營拉文斯布呂克（Ravensbruck），也是彭柯麗（Corrie Ten Boom）和她姊姊被關的

---

10 Allison Backous, "Blessing the Past," *Image*, February 17, 2011.

地方。當時，有人在一個不知名小孩的口袋裡找到一小片紙張，上面寫著祈禱文：

神啊，請不要光是記住善心的男人和女人，連那些心腸歹毒的人，也請您一併記住。但是，請別記住他們強加在我們身上的一切苦難，反而要記住我們因為這場苦難所培育出來的果實——友愛、忠誠、謙恭、勇氣、慷慨，以及崇高偉大的心靈，這些都是從困境的泥土中長出來的。當我們的迫害者站到祢的面前受審時，請讓所有這些我們培育出來的果實成為饒恕他們的理由。阿們！11

我不知道我能不能說出像這樣的祈禱文，我不知道我能不能像這個被監禁的人一樣，即使忍受著難以言喻的邪惡暴行，卻依然懷著無比純淨的心去愛敵人。不過，我們一再發現這個真理：就算承受著巨大的苦難，受傷的生命依然可以孕育出果實，而那些果實會成熟，成為許多人得到療癒的因，為他們帶來善。所有這些人——畢克納、愛莉森、茹比、使徒保羅、拉文斯布呂克的女孩——通通被賦予了力量，這力量不是去抹除別人加諸於他們的傷害，而是去忍受痛苦，卻不把痛苦感染給別人。他們變得更剛強、更睿智，而在這份剛強之下，他們打破了「全然過於人性」的循環，也就是被傷害的人繼續去傷害別人。

但願我可以找到當年七十五歲的那位女士，她還陷溺在對父親的怨恨之中，內心破碎，而她的父親早在數十年前就過世了。我想告訴她，就算現在才原諒她父親，也不算太晚；就算現在才療癒她的記憶，也不算太遲。每一次我們重新回到過去，回憶父親、繼母、岳父，我們就有機會挽救過去，超脫自己編織出來的「他有罪、我無辜」的騙局，重新把故事說得真實不偏。每個人都能以人性弱點作為開頭——包括父母的人性弱點，以及我們自身的人性弱點——說出更真實的故事，故事當中有神的臨在守護著我們，帶領我們走向更美好的愛。那份愛終究會發揮作用，讓別人加諸於我們身上的夢魘和創傷全都褪除武裝。

我體認到一點，我必須從我個人生命說出真實不偏的故事。我和某些人在很久以前的對話至今依然盤旋在我腦海裡，如果可以的話，我願意挽回這些對話，尤其是其中的一次對話。

有一回，家族裡的某個人過世之後，我和一位親戚相處了一會兒的時間——當時我向她吐露我受到的傷害，以痛苦的口氣說出尖酸的回憶。我看得出來，這些腐蝕性的話進入她的內心，感染了她，而且即使到現在，那些痛苦依舊在她的生命裡徘徊不去。我

11 Quoted in Erwin W. Lutzer, *When You've Been Wronged: Moving From Bitterness to Forgiveness* (Chicago: Moody, 2007), 131.

不能只跟她說發生了什麼事，那是不夠的，我還必須告訴她更完整、真實不偏的故事。我懇求神，也懇求她饒恕我。

我父親已經過世了，不過他的故事還沒有結束，而我的故事也還沒有。我準備開始為我的孩子們說一個比較大、有關我父親的故事。他們很少問起我父親，因為他們根本不認識他，不過將來他們會問的。我正在準備，將來他們問起時，我要怎麼說。

「媽媽，你的父親是一個什麼樣的人？」

「他是一個獨來獨往的人，沒有幾個朋友。他喜歡閱讀，尤其熱愛航海。他長得很高大。他不是壞人，只不過是孤獨慣了，他自己好像沒辦法改變這一點，就是想要一個人過日子。他沒辦法跟別人交上朋友，或是讓別人把他當成朋友。以前我很氣他這樣，直到有一天，我才明白他的人生是悲哀的。他住得離其他人遠遠的，心裡對人沒有愛，那樣的生命真的很悲哀、很空虛！」

「有什麼事情是他在意的嗎？」

「他在意文字和書本，他年輕時想成為一名作家。我對書本的喜愛就是來自於他。」

「那他愛妳嗎？」

「我想他從來沒有愛過我。但是，在他過世之前的最後一年，我從幾個方面看得出他試圖要愛我。他沒有什麼錢，不過他盡量把錢存起來。他過世之後，我們每個人分到一千美元，那幾乎就是他全部的財產。」

「你有原諒他所做的事情嗎？」

「是的，我原諒了他。」

「這樣你心裡的難過有少一點嗎？」

「我想事情不是這樣。在某些方面來說，我原諒了我爸爸，悲哀卻變得比從前更廣、更深。以前我只會為我自己和兄弟姊妹們感到難過，後來，我愛我爸爸，我會為他難過。我也同樣為我媽媽難過，她沒有一個比較像樣的丈夫。可是，我學會用比較好的方式去難過。」

「你會想念他嗎？」

「會啊！我懷念我對他的在乎。你相信嗎？我甚至懷念我對他的擔心。不過現在我擁有記憶，讓我微笑的新記憶。原諒他之後，現在我的記憶讓我可以好好活下去。」

吉兒博士的講解

「原諒，然後遺忘。」是這樣嗎？不是的！原諒之前必須先記憶。當代心理學的初期形式，就是以希臘哲學家蘇格拉底所說的話為前提。蘇格拉底說：「沒有好好檢看的生命，根本不值得活。」

我們的記憶是很重要的。記憶把我們跟生命串連在一起，讓我們的存在變得完整。神允許我們在必要的時候，回想出記憶中的某些部分。為了保護我們，祂讓某些記憶暫時休止，直到我們做好準備。面臨難以承受的情況時，前面說過的「解離」就是自我保護的形式之一，大逆不道、罪惡深重的記憶會被切割出去，遠遠鎖在意識層面回想不出來的地方。在我們還沒學會說話之前，經歷過的事情會記錄在身體裡面，或是透過感官顯現出來，以不用語言的方式幫助我們理解。有時候，我們就是用不著說話。

一個人要維持正常的神智，合情合理的生活是很重要的。當發生的事情充滿創傷，記憶可能就無法順利進行。無論記憶順不順利，當我們承認自己從前是什麼樣的人，就等於是替內心的小女孩、小男孩說出心聲。倒不是說我們必須把童年的所有細節全部挖掘出來才能獲得療癒，不是的。要挽救從前，我們必須願意**正視**我們確實知道的事情，把事情**說出口**，**同情**自己遭遇到那樣的事，然後**哀悼**失去的東西。每當記憶湧現出來時，我們就必須**處理**一次，不過不必沉湎於其中，或是強迫要如何，單單只要讓記憶從我們身上流過就可以了。記憶的目的不是為了緊緊抓住不鬆手，而是要**放它過去**，帶著**原諒**的心，把往後的日子過得比較輕鬆、自在。

幾個星期之前，我收到一位表兄的消息。他的母親，也就是我的姑媽，因為漸凍人症過世了。我父親沒去參加葬禮。在我還小的時候，我父親總是宣稱家庭有多麼重要，可是我們卻到處找不到他的人。十六年前，我正懷著第一個孩子，那時他的親生母親要下葬，他也沒有現身。更早的三年之前，他父親舉行軍人葬禮，他同樣也沒有出席。很可能他根本還不知道他的一個兄弟在去年五月過世了，而今，他的姊姊也離開了人世。破碎原本是可以修補的，卻斷了那麼多連結，失去那麼多機會。

在我姑媽的葬禮上，我那兩位已經長大成人的表兄一邊把母親的棺木放進土裡安息，一邊真情流露而哭泣。之後不久，這兩位表兄分別向我表示，他們為我父親感到難過。我心想，難過的人是誰？什麼事情讓人難過？為什麼在緬懷母親的時刻，他們卻向我表示難過之意？這件事情後來讓我很心痛。原來，我表兄跟母親之間有很溫馨的連結，他們滿腹思親之情，因而體恤我和我父親（也就是他們的舅舅）之間缺乏親情。無論他們有沒有體認到，從某種方面來說，他們正在邀請我加入他們為我父親傷心的行列。對我而言，我父親可說早就過世很多年了。他們知道我無從可認領父親的遺體，也沒辦法為父親舉行葬禮，只能用記憶去填補多年前父親突然離去的空虛感。

當我們舉步向前，宣稱我們要擁抱與基督同在的生命，我們就會面臨停下腳步來回憶的時刻，久遠而熟悉的傷口會再次感受到刺痛，這是「正常」的。畢竟，療癒不是抹去傷痛，而是拿掉傷痛對我們的控制力。遺忘不是我們的目標。過去，而且是所有的過去，都是我們人生故事的一部分，無一例外。所謂向前走，不是假裝從前發生的事沒有留下影響，我們反而必須「善加記憶」。事到如今，結果我們發展出什麼樣的人格？我們必須欣賞自己的人格，運用它來幫助別人。

蕾斯莉和兄弟姊妹們聲氣相通，用心加以選擇，紛紛釋出善意去幫助父親。他們尋找機會，用自己能力所及的方式去做。他們每個人都是為自己的生命負責、為自己的療癒負責的成年人，各有自己的人際網路。他們從父親身上得不到的愛和支持，在人際網路中得到了彌補。他們感懷基督所做的犧牲，在療癒的路途上把腳步延伸出去，跟父親建立聯繫，選擇讓自己的故事有新結局，在新結局裡握有一些發言權。他們懷抱希望，卻不流於錯誤的幻想，不必靠父親來維持情感的永續性。

事實上，他們的父親有時候似乎覺察不出兒女們的犧牲，沒有絲毫感動；其他時候則偶爾有那麼吉光片羽的時刻，他對兒女們的慷慨感到驚訝，自知不配得到兒女的關心。可以肯定的是，他嘗試要打理自己的生活，所做的事情不是一味讓兒女陷入困境，其實他也會在親情和與世隔絕的內心世界之中尋求平安。不過蕾斯莉和兄弟姊妹們的安全感則是來自於天上的父，祂永遠不會把他們摒棄在門外。

就是這份來自於天父的希望，他們想要把它延伸到俗世的父親身上。並非所有人都同樣有這種確切的機會可以選擇，不過，每個人都可以選擇往後的人生要怎麼過下去。我們可以選擇挽救從前，把善帶進來——而不是日復一日在腦海中重複同樣的故事情節，卻期望某些東西會在無止境的重複之中發生轉變。要做到這一點，我們必須允許自己傷心、悲嘆、哀悼、記憶、放手、振作、活出生命，這樣一來，我們的靈性才能「事事亨通」。

療癒功課

1. 在〈約珥書〉（岳厄爾）二章廿五節，神說：「牠們（蝗蟲）吃掉的農作物，我要補償你們。」聽到這樣的話時，你有沒有覺得在你的身上，從前發生過的事情是有可能得到救贖的？如果你覺得有可能的話，那就還有希望！如果你覺得不可能了，那就需要花更多時間，才能把你自己從失去的東西之中挽救回來。

2. 你跟你所失去的過去是不一樣的，你是現在的一部分，可以向神求告，請祂引領你的未來。由於你父母的罪和過錯，很多事情發生在你身上。儘管你有不像樣的父母，可是由於基督的緣故，你可以成為不一樣的人。發生在你身上的遭遇，跟你因為基督而成為什麼樣的人，其實是兩回事，你可以分得出這兩回事有什麼不同嗎？

3. 原諒是一個主動的歷程，需要時間，但它不會隨著時間自然發生，你本身必須有心去實踐它、貫徹它。說說看，你曾經選擇用什麼方法去實踐原諒父親或母親的目標？

4. 關於你所經歷到的種種不義和傷害，你有想過要向神抱怨嗎？找個親近的朋友，把不幸的遭遇一股腦兒說個夠，不正是原諒過程的一部分嗎？一旦有人聽你說出來，你就能得到情緒上的療癒。你對神的想法有包含這一點嗎？

5. 〈詩篇〉中有許多段落是大衛發自肺腑的哭訴，他知道神會處理他的痛苦。十四章一至六節說：「我懇求上主的幫助；我高聲向他呼求。我向祂吐露一切的苦情；我向祂陳述一切的患難……我快要絕望的時候……求祢垂聽我求助的呼聲，因為我淪落在絕望的境地。」你有沒有在傷心之餘，允許自己找個時間，向神說出一切不公義的事？

6. 當你回顧從前，思考你試過的各種面對傷痛的方法，你對父母的真實面、對過去的真實情況會有全新的覺察。當你擁抱真實和這個全新的覺察，你過日子的方式有沒有發生什麼變化？

7. 在原諒父母的路途上，你有沒有幫父母找到什麼藉口，或是有沒有什麼怪罪自己的地方，而那個藉口或自責至今還牽絆著你？在哪些方面，你仍然需要原諒自己呢？

8. 你有沒有想過，神對你的評價和看法，會不會跟你那固執的父母對你的評價、看法是一樣的？萬一真是如此，你要採取哪些步驟來挽救「神愛你」，以及「祂讓你的生命受到傷害」這兩個事實？

9. 你能不能寫出三個神救贖你的方式？原因是什麼呢？

10. 讀讀〈耶利米書〉（耶肋米亞）廿九章十一節：「惟有我知道我為你們安排的計畫：我計畫的不是災難，而是繁榮；我要使你們有光明的前程。」關於神為你的生命所創造出來的目的、計畫，你現在了解到什麼程度？如今在神的照看之下，你自己幫自己培養目標和勇氣的做法是什麼呢？

第九章

進入自由之境

當我走出門外，邁步前往通向自由的大門時，我心裡明白，若是我不把痛苦和仇恨拋到腦後，那麼我依然處於監牢之中。

——諾貝爾和平獎得主尼爾森．曼德拉（Nelson Mandela）

我們旅行過這塊土地，穿越童年的國度，穿越對父母感到失望的沙漠，看見自己倒在路邊，遭人毒打，渾身是血，同時看見父母也倒在那裡。我們審視過自己的內心，看過神的饒恕之心，知道祂對所有人給予全然的饒恕——也明白自己有多麼需要神的饒恕。我們曾經進入瀕死者的房間，看見父母在那裡面可能是什麼模樣。我們轉身回顧，看看糾結的昔日往事會結出什麼樣的果實。不過，這趟路程還沒走到盡頭，我們需要再追隨幾個人，他們會引領我們走完通往下半生的最後幾步路。

我們要追隨的人名字叫約瑟（若瑟），他要帶領的路，比約拿（約納）帶領的路更長、更遠。就像約拿一樣，約瑟也落腳在異國的土地上，他根本不想去那裡、過著他萬萬不想選擇的生活。還記得嗎？約拿不情不願地去尼尼微城宣揚有關饒恕的福音，可是他自己並不相信那個福音。約瑟也是，他被強迫長途跋涉去埃及——說他被強迫，是因為他是被他的兄弟綑綁起來，賣給別人當奴隸，他的兄弟一心一意只想擺脫他。

有些人或許也有這種同樣的感受。父親、母親、繼父母或祖父母，把我們俘虜起來，拖到一個我們不想去的地方。我們的童年被偷走了，我們被帶到一個充滿壓迫感的地方，心裡只想逃跑。約瑟也逃跑了，不過他做了一件我們正在學習的事：他**扭轉**了自己的奴隸身分，也把那個讓他吃盡苦頭的地方轉變成充滿自由和生命的國度。

如果你已經知道約瑟的故事，就會明白他從一個受寵的孩子淪落到變成家奴的曲折遭遇——猶如掉進地底的監牢，不見天日。終於，由於他對全埃及最高統治者的忠誠，也由於神的恩澤，他坐上僅次於法老王的位置——首相。埃及人對他俯首稱臣，凡是他所到達的地方都會響起號角聲，埃及得到的戰利品也都歸屬於他。對約瑟來說，這是全新的日子、全新的生活。現在，我們就來看看他與他的兄弟和解的故事。

約瑟站在宴會廳裡，眼前是他的十一個兄弟。這些兄弟曾經想要殺了他，但是後來改變主意，反而把他賣掉，賺了一筆錢。當年，約瑟被送來埃及當奴隸，如今，他的兄弟們也走同一條漫長的路途進入埃及，不過他們沒有被繩子綑綁起來，而是忍受著飢餓的煎迫。他們來埃及購買糧食，這是唯一一個有多餘糧食可以出售的國家，說起來正是託了約瑟的福。約瑟拯救了埃及，讓埃及免於七年乾旱，逃過死亡的威脅。

現在他們全部聚在這個房間裡，十二個兄弟共進一餐，彼此心裡埋藏著當年的往事：無知、爭吵不休的陳年歷史，陰暗而難以療癒的罪惡傷口。十一個兄弟衣衫藍縷，他們是來自遠方國度、塵土飛揚的牧羊人，對埃及優雅華麗的服飾一無所知。他們被國王叫進門，在陌生國王的注視之下，渾身不自在，侷促不安。

即使到了今天，在這個恍如夢境的地方，他們依然會想到那個被他們賣掉的兄弟——他苦苦哀求他們放他一條生路，他們卻把他綁起來，用駱駝拖著走，像是拖一隻畜生似地，而且還把他的衣袍撕破，沾上羊血，送到父親顫抖的手上。父親的面容——從那天開始就大為轉變，他們幾乎記不得從前父親是什麼模樣了！罪惡感把這十一個兄弟纏在一起，此時此刻，他們湊近彼此，竊竊私語，交相指責，不知道發生了什麼事。

約瑟熱切地看著他的兄弟們，不敢相信他們發生了那麼大的變化，看起來蒼老、疲倦、飢餓。他們不知道眼前的這個人是誰，那是當然的，他們怎麼可能知道？約瑟從來沒料到這樣的情況，他竟然有機會當面跟他們對質，指控他們以前從他身上奪走的東西。他從來沒有忘記自己是個異鄉人，流離在外，被迫離開父親，離開最親愛的小弟弟，離開自己的國家。

他聽著他們低聲交談，情緒沸騰起來。兄弟們的聲音、言談舉止、爭吵——觸目所及的一切，對他而言都是那麼熟悉，彷彿那是他自己的聲音、他自己的身體。最後，他知道他快要爆發出來了。「全部退下！」他對一旁侍候用餐的僕人們下令。僕人們看了他一眼，震懾於他的口氣和臉色，急急忙忙退到門外去。

約瑟走近他的兄弟們，用家鄉話說：「過來我這裡，靠近一點。」

他的兄弟們渾身僵硬地走了過去。眼前的人竟然會說他們的家鄉話！到底是發生了什麼事？他們實在想不通。「這是什麼詭計嗎？他把我們叫到這裡來，是要處死我們嗎？」他們害怕不已，打探他的臉色。

他……哭了？埃及的統治者……掉下了眼淚？

約瑟吸了一口氣，然後宣布（他再度使用了希伯來語）：「我是你們的弟弟約瑟，被你們賣到埃及的那個約瑟！」

他們眼睛一眨也不眨地盯著他看，心裡恐懼至極！這是真的嗎？如果眼前的人真是約瑟，他們知道自己就離死期不遠了。

不過埃及的首相還在哭泣，他說出來的話簡直讓他們聽不懂：「不要憂傷，不要自責你們當年把我賣到這裡來。」他頓了一頓，再度深深吸一口氣。「神差我先到這裏來，是為了保存大家的性命……為了拯救你們的性命得到大解脫。」他焦急地看著兄弟們，等候他們回應。

他們全愣住了。這位埃及首相怎麼可能是個迦南人？他怎麼可能是他們的親弟弟？

約瑟走上前，用手臂抱住離他最近的便雅憫（本雅明），哭泣起來。接著，他把其他兄弟也拉到自己身邊。他們靠了過來，移動腳步，開始相信果真是他——他們的手足血親，父親的兒子，自己的兄弟，那個他們自知背叛過的人。約瑟抱著他們哭泣，把他們一個個摟在懷裡。他為自己哭泣，為十五年來的背叛、傷心、流亡而哭泣——也為這十一個兄弟哭泣。

這一家人團圓了，沒有人被遺漏在外。約瑟把父親和所有兄弟們的家人、財產，從荒涼的迦南沙漠接到埃及的領土上，賞給他們最好的土地，讓他們安頓下來。對他們來說，一切事情都是新的，他們在新的國度安身立業，欣欣向榮。1

這真是個讓人驚訝萬分的故事。我們讀著這些文字，心裡感到疑惑，約瑟怎麼能夠饒恕他的兄弟們？在這個世界上，還有什麼事情會比策劃殺害家人更嚴重嗎？這麼歹毒的心腸可說是罪惡深重，這難道能夠生出自由的果實嗎？我很清楚，這樣的事情是有可能的。不光是因為我相信約瑟的故事記載，也因為我還知道其他人的例子，他們原諒了不可原諒的人。

原諒的力量

在馮妮的記憶中，她想起某一次的汽車旅行。她父親突然把車子駛離車道，開到河邊停下來，那時馮妮大概六、七歲。她父親沒有說任何一句解釋的話，就把她從後座拉出來，用手臂架著她，把她拖進河水裡面。

她不知道父親要做什麼，不過她很清楚父親是個可怕的人，想到什麼就會做出來。

他一言不發，走進河裡，當河水淹到他的膝蓋時，他放下馮妮，把她從腳踝抓起來，讓她的頭浸在河水裡。馮妮不斷掙扎，想辦法把頭抬高。她父親大笑起來，讓她在水中浸一下，然後拉高幾秒鐘，接著又把她浸到河裡。她一直抗拒，努力讓身體恢復平穩，直到某個瞬間，不知是什麼緣故，她突然發覺神與她同在。神叫她平靜下來，不要抗拒。當她停止抵抗時，她父親對這個虐待遊戲感到乏味了，就把她放下來，然後繼續開車上路，從頭到尾一句話都沒說。從此之後，馮妮一輩子都很怕水。

幾年之前，馮妮重新回到教會。回教會這件事情讓她很擔憂，害怕受到批判，不過教會很歡迎她，也歡迎她的家人。

幾個月之後，馮妮和他的兩個兒子想要受洗。他們跟著教會的人到某個湖邊去，馮妮站在湖畔，對聚在當場的每個人述說她的故事，包括童年的日子是怎麼度過的、她和兄弟姊妹們忍受著什麼樣的遭遇、她母親希望她拿槍射殺父親、半夜發生的虐待行為，還有她父親把她的頭浸在河水裡，還嘲笑她，甚至試圖殺死她的事。她全身顫抖，告訴在場的所有人：「我真的好怕水！」

馮妮說完之後，她的牧師拉著她的手，帶她慢慢走進湖裡。幾步之後，牧師停下來，回頭輕輕問她：「妳準備好了嗎？我要妳的全身浸在水裡。但是我不打算帶妳這麼

1 約瑟向兄弟表明身分的故事見〈創世記〉四十五章。

做，而是要妳自己走進水裡，然後走出來。要知道，妳是奉聖父、聖子、聖靈的名而這麼做的。」

馮妮蹲下來，讓全身浸泡在湖水之中。在那一刻，時間彷彿靜止了。過了一會兒，她破水而出，心裡充滿狂喜。她知道受洗意味著復活，生命重新開始，洗掉以前的生命，而情況的確是如此。當她回到岸邊，在一旁觀看的人們紛紛跑上前去擁抱她。「歡迎加入這個家族！」每個人為她歡呼起來，那句話是她聽過最美妙的話。

馮妮再也不怕水了。她的父親曾經用水威脅她、折磨她，不過她真正的父親——天父——已經用水治療了她，使她得到救贖。馮妮的心正在痊癒之中，她已經原諒父親，然而她並不清楚父親是否還活在人世。她父親虧欠她很多，那份沉重的債永遠也償還不了，不過她已經放下這一切。別人或許覺得她的原諒是懦弱的，但是馮妮自己知道那是剛強、勇敢的做法。

原諒的故事圍繞在我身邊，許多人從這片土地走到另一片園地。凱文經常思索約瑟的遭遇，心裡有所體會。凱文被自己的父母遺棄，他花了幾十年的時間，想弄清楚為什麼他們不愛他、不願意養育他，沒辦法做到父母應該做的事。幾十年的光陰在他的哀嘆聲中流逝而過。不過，就像約瑟一樣，他知道他不該代替神去審判父母，那是神的事，他該做的事情是原諒父母。

原諒的力量是如此強大，即使在殘破到難以想像的地方，它的力量依然蓬勃不滅。是的，這樣的情況發生在約瑟的埃及宮殿裡，發生在馮妮和凱文的家裡。在世界上被嚴重蹂躪的國度裡，在人們燃起熊熊營火的地方，同樣也有這樣的可能性。

「族人對話」（Fambul Tok，英文為 Family Talk）[2] 這部紀錄片帶我們來到獅子山共和國的一處村莊。村子裡的人圍繞在營火周圍，互相談論白天發生的事情，解決糾紛，這是當地行之已久的慣例。薩爾是個幾乎無法步行的年輕男子，他站起身來，開始訴說最近的一場戰爭讓他全家陷入恐懼。「族人對話」是當地村人的生活重心，可是過去十一年來，有五萬人死於內戰，「族人對話」這個例行活動也因為戰亂而中斷了。那場內戰是非洲最殘酷的戰爭之一，掌權者連連徵召兒童去充當軍人，命令他們上戰場殺敵，大肆破壞。許多年來，薩爾把悲傷埋在心裡，現在他必須吐露出來。

他說，他的父親慘遭虐殺，他自己則被人毒打，成了一輩子不良於行的瘸子。然後，他進一步說：「那個毆打我、殺死我父親的人，現在就在這裡。」薩爾一拐一拐地走向陰暗角落裡的一名男子，把他拉到營火所照亮的地方。那個人是尼烏瑪。

尼烏瑪和薩爾是一起長大的至交好友，兩人都在戰爭期間被叛軍抓住，奉命去殺

2 Fambol Tok (film), produced and directed by Sara Terry, 2011. For more information, see http://www.fambultok.com/about/synopsis.

人。叛軍給薩爾一把刀，命令他殺了自己的父親，可是他不肯。接著，這把刀被塞到尼烏瑪手裡，有人拿槍抵住他的頭，命令他殺了薩爾的父親。尼烏瑪照做了，而且他對薩爾拳打腳踢，造成薩爾永遠殘廢。

戰爭期間，他們兩人沒有互相說過話；從此以後，也沒再交談過，就這樣，八個年頭過去了。現在，尼烏瑪被叫到眾人面前，他坦承自己犯下的罪行，最後他說：「可是我所做的事，並不是我自己選擇的。」他彎身鞠躬，伏在地上，臉孔朝下，請求薩爾原諒他。

薩爾同意了，他說願意原諒他的老朋友尼烏瑪。尼烏瑪的罪行是一輩子都償還不了的，如今，他虧欠的債被薩爾免除了。

薩爾原諒了尼烏瑪，讓尼烏瑪的身分從殺人兇手轉變成同村的鄰居伙伴。他們兩人擁抱言和，就像小時候一樣。當他們兩人手拉著手，圍繞在場的村人開始唱起歌來。原本不可饒恕的人，得到了原諒。

轉化傷害與仇恨

這部紀錄片看起來好像平靜無痛，可是其中所蘊含的寬容之心絕不廉價，也絕不是瞬間就能產生的。對約瑟而言，情況也是如此。當我們仔細看看約瑟對兄弟們的非凡恩惠，就可以學到更多。

他們的父親雅各（雅各伯）過世之後，約瑟的兄弟們又害怕起來，擔心約瑟會對他們採取報復行動——他們知道自己活該受到報應。

約瑟把兄弟們全部叫來，他們伏拜在地，說：「我們是您的奴隸。」的確如此，約瑟可以任意處置他們。可是，約瑟說出來的話讓他們大大吃了一驚。「用不著害怕，我不能替代上帝。」（創世記 50:19）埃及全國上下都把約瑟**看成**神，可是他沒有忘記自己的真實身分：只不過是一個人，一個不完美的人。他很清楚神是審判者，只有祂能看透所有人的心，只有祂能給予公正的審判。因此，儘管他對兄弟們握有合法的審判權，大可判他們的罪，可是在神面前，他放棄了這個權利。

不過，約瑟還有尚未完成的事要做。就算他不代替神去審判他的兄弟們，他依然要說出他們的實情，而不是抹除他們曾經想要謀害他的意圖。「你們本來想害我……」他開始說道。

薩爾和尼烏瑪也是一樣，他們必須面對當年發生在獅子山共和國的兇殘事件，說出當時的情況，再也不能迴避那件事。他們向在場的每一個人說出事實，從那一刻開始，自由的花朵綻放了。在這本書之中，許多人也有同樣的發現。

不過，光是把事實說出來，還無法達到最後的自由之境。如實面對世界的真正面貌，也如實面對自己究竟是什麼樣的人，能夠讓我們從騙局和自我編造的童話故事之中脫身出來，但是除非做到另一層認定，否則很難指望事情會出現更進一步的發展。約瑟走出了下一步，他體認到一項更大的事實：「你們本來想害我，但是上帝卻化惡為善……今天才有這許多人活著。」（創世記 50:20）

當然，約瑟、馮妮、薩爾和尼烏瑪全都希望逝去的時光能重新倒流。他們的青春年少被人偷走，過著躲躲藏藏、為人奴隸、身陷牢獄、飢餓不堪、內心渴盼的日子。然而，約瑟認定兄弟們的謀害意圖不是故事的結尾——相反地，故事才剛剛開頭而已。他認定一件更深刻的事實，那就是：家人之間「惡」的互動——的確，所有的人類事件，甚至是帶有仇恨和傷害的事件——都可以在神的力量之下一掃而去，轉化成「善」。

對約瑟來說，他所失去的一切，換來了埃及和周圍地區數百萬人的活命機會，而這意味著他的族人同樣也得到活命的機會。要不是他早早把食物存放在倉庫裡，他們必定會飢餓而死。從前做過的行為不可能被刪除掉，不可思議的是，透過神的手，以及約瑟本身的正直和忠誠，那個邪惡的意圖反而成為挽救族人安危的方法——整個國家和鄰近地區的安危也因此而得到救贖。

這種規模龐大的解脫並不常見，多數情況下的解脫沒有什麼聲息，範圍也小得多。

我親眼見過馮妮的面，親耳聽到她的故事；在紀錄片中，薩爾的表情是鎮定平和的。這些人在最艱困的地方、最艱困的事情上，找到療癒和自由，不過我們多數人的情況跟他們不能相提並論。大部分的父母並非有意對兒女做出邪惡的行為，就算他們疏忽兒女、做法有缺陷、沒有陪在兒女身邊，那也不是刻意要去傷害兒女。如果事情可以逆轉，他們會很願意收回那些行為。

許多父母受制於疾病和環境條件，不知道該如何改變現狀。他們很脆弱，缺乏理解能力，雖然想要找出一條路，卻沒有資源可用，不知道該怎麼養育孩子。多數父母不是故意扮演魔鬼的角色，就算其中有一些人是故意的，神依然會臨在，依然會運用那些惡，為我們的生命帶來善，也為我們周遭的其他人帶來善。

約瑟的原諒不只改變了自己的生命，同時也改變了每個人的生命。他把族人從艱辛、絕望的居所帶到豐饒之地，還給他們特別的好處，讓他們再也不用為了食物或生命安全而操心。整個家族得到了恢復，重新變得完整，沒有任何一個人被遺漏在外。

馮妮創造了一個溫馨和樂的家庭，擁有許多朋友。她愛家人，支持朋友，這些跟她自己的成長經歷可說是天差地別。此外，她也跟其他家人建立聯繫。

在獅子山共和國，尼烏瑪幫薩爾幹農活，也幫薩爾蓋了新房子——那棟房子有錫板屋頂，那可是尼烏瑪自己永遠也花不起的奢侈品。忙完農活之後，他們就像獅子山共和國的其他好朋友一般，彼此搭著對方的肩膀，一起走回家去。在他們的示範之下，整個社區開始療癒起來。他們兩人目前正在獅子山共和國巡迴旅行，到其他村莊分享他們的故事，喚起和解的力量。

打破世代傳遞的罪

我必須承認，當我剛開始寫這本書時，正好也是我在父親身邊最後一年的中期，那時我完全想像不到這一點。我父親罹患「類精神分裂型人格異常」，無法跟人建立關係，可說是人際疏離和自我設限的縮影。對於這樣的人，我能抱持什麼期盼呢？當一個人年紀老邁，幾乎已經走到人生的終點，我又能期望他如何？有哪一種衡量標準可以秤出平衡的結果嗎？對我來說，事情有可能好轉嗎？我有一屋子的小孩要養，還要兼顧婚姻和工作行程，每天的生活忙到簡直連骨髓都要被吸出來，我如何還能承受得了這件事背後的冒險和心力耗竭？他是個悲哀、令人同情的大塊頭男人，一輩子的成就不過是生下六個人類，之後似乎就棄之不顧，而且還對其中一個女兒毛手毛腳。對於這樣的人，難道我不能算了，讓事情過去嗎？

我第一次敢去想像任何善的一面，其實是為了我自己而做的。我想像自己脫離無動於衷和怨恨，就像許多心理學家、牧師和收音機名人所保證的那樣。我聽到他們保證說：我可以脫離自己的惡劣感覺，重拾自由；我的生命中有難以相處的人，我可以卸下對他們的責任和義務。

可是當我聆聽過別人的故事，當我做過祈禱、研讀，以一頁又一頁的寫作走過點點滴滴，每經過一個星期、一個月、一年，每寫完一章，我的眼界和心靈都越來越擴大。我所到達的自由之境，比我原本所想像的更加寬闊。

我曾經擔心，若是讓父母免於兒女的責怪和審判，不就等於讓罪惡得到開脫嗎？但是，我不願意原諒罪惡。如今，我已經找到走下審判席的方法，放下我對父親的評斷和判決，把他轉交到神手上，由神去做全然公平的宣判。所謂的自由，意思是：對於那些造成傷害的人，我們卸下獄卒、陪審團、法官的角色，把那顆頑石和那把鑰匙交回神的手裡；不論在何時、何地，祂才是唯一且正當的擁有者。

站在眼前這個嶄新、寬闊的土地上，我正在學習所謂的原諒，不僅僅是卸下自己擔任法官、陪審團的角色，也不僅僅是免除父母虧欠我們的債而已。我學到的是，**原諒的力量大到足以打破世代傳遞的罪**。它的力量強大非凡，足以打開我們的心，讓我們看見別人所受的苦，而非讓我們把心封閉起來。我們走上這趟路程，目的是要減輕負擔，讓自己自由。然而一路走來，我們卻發現到更大的自由：自由自在地去愛不值得愛的人，冒著被傷害、被反叛的危險，原諒別人七十個七次。

原諒要從我們自身開始做起，而最先被改變的人，也正是我們自己。不過真正的原諒不只是如此而已，它還讓我們有能力跟家人產生聯繫。我們能帶動周圍的人，引發回響，把原本唯一、持久的慰藉，帶入「罪惡與破碎所帶來的普世災難」之中。最完滿的原諒能引領我們去愛人。

我們真的能治療這個世界所受到的傷害嗎？區區一個人的力量，如何能讓這個無比巨大，卻又嚴重分裂的世界改變一絲一毫呢？我們提出這個疑問，而這也正是「族人對話」紀錄片的執行製作莉比．霍夫曼（Libby Hoffman）詢問全國觀眾的問題。許多人看過這部影片之後，願意身體力行，協助非洲進行和解的工作。莉比．霍夫曼鼓勵人們把這份心意帶回自己的家庭和社區，問問自己：「我必須原諒哪些人？我必須向哪些人道歉？我如何幫助我的社區成為一個更完整的社區？」她建議我們從自己家裡做起，從自己的房子周遭、從社區做起，就從我們本身做起！「當我們成為謙虛、有勇氣、願意原諒的人，也就等於是讓謙虛、勇氣、誠實、慷慨在這個世界上更加有力量。」3

此外，事情說來有點矛盾，當我們原諒得越多，就會發現被人得罪的地方變少了，因而需要去原諒的人也跟著減少。我們成為心懷和平的人，凡事先檢討自己的缺失，而非檢討別人；我們成為不容易被得罪的人，不必因為覺得受人侮辱、輕視、威脅而不斷自我防衛。當我們的成熟度逐漸提升，就越來越不會因為想要保護自己而畫地自限，也會越來越樂意為了別人好而讓自己冒險。

對於疏遠的父母、祖父母、岳母、婆婆，以及合不來的兄弟手足，我們一開始所採取的步驟會影響到我們將來面對其他人際關係、其他社區成員的態度。我們自身的缺點和別人的缺點是不相干、沒有關連的，我們懷著謙虛的心，在其他地方跟別人相處，心裡清楚每個人都有罪，每個人在許多方面都是磕磕絆絆的。然後，我們便能昂首挺胸，因為我們不是孤單的獨自一人，聖靈在我們心中給我們力量，教會也在背後支持著我們。我們可以尋求支持的對象包括祈禱團體、牧師、神父、治療專家、朋友、鄰居，以及其他家人，他們會陪伴我們一起往前走。如果目前還沒有這樣的團體，那就自己創造一個團體，不要當個孤伶伶的守門員。

我們把原諒做得太過私人化、狹窄化、困難化。原諒不是必須憑空想像出來的感受，而是一種謙虛和愛的態度，為別人設想，不帶有值不值得、應當不應當的想法。原諒不同於日常生活中的決定，它是一種生活方式，把神延伸到我們身上的愛，進一步延伸到別人身上。

在動手寫這本書的一開始，我和我先生為了離開原來那間教會的事而道歉。有很多

3 Quoted in Tim Heiland, "A More Sustainable Peace," *Prism* magazine, July/August 2012, 37.

年的時間，我們是那間教會的教友，然而經過五年的掙扎和拔河之後，我們離開了。對於進出那間教會的那些年，我心裡懷著失落和失望，不止是為了我自己而已，同時也是為了我的孩子們。我的手至今還不斷撫摸那個傷口……就是這個——另一件需要尋求原諒、做到原諒的事情。

我的一個兒子去參加課後活動，一位我不認識、新搬來鎮上的男士寫了封電子郵件給我，說我有一個兒子不守規矩，每個人都很怕他，意思是這件事必須有人做個處理。我倒抽了一口氣，胃部痙攣起來。他所說的那個兒子，會傾聽別人的困難、陪伴傷心的人一起落淚，看到身邊有什麼人鬧得不愉快，就想要充當和事佬，讓雙方言歸於好。他是這樣的兒子啊！我原本想回一封憤怒的信，把火燒回去，但是我先自我檢討，找其他幾個教練談過，之後再找這位男士本人談一談，結果我們兩人共同發現出一個不同的問題。感謝神的恩典，那個問題後來解決了。我可以原諒那個錯誤，讓它隨風而去。如今，那位男士跟我成了朋友。

我有六個孩子，最小的現在是十一歲，最大的是二十五歲。他們需要原諒我，以前我是個不完美的母親，將來也一直會是不完美的。

在我三十六年的婚姻中，有些事情、有些年歲是我很想遺忘的。然而，我沒有那麼做，而是藉由原諒的透鏡，努力想把從前挽救回來。我先生同樣也選擇去原諒。如果我們想要繼續共同生活另一個三十六年，我們就必須每天祈禱，每天從法官、陪審團的位置上退席。別忘了：「饒恕我們對祢的虧負，正如我們饒恕了虧負我們的人。」

學習過原諒的生活

我才剛剛起步而已，學習去過原諒的生活，養成憐憫的習慣，選擇不把別人的得罪放在心上，選擇記住我自己犯錯的深度，選擇從祝福別人之中尋找歡樂，而不是去咒罵別人。許多人的腳步已經走在我前面：凱文、黛娜、珍妮、蘿莉。在這個新的國度裡，我們的自由看起來是什麼模樣？或許是邀請虧欠我們的父親、母親、岳父母、公婆到家裡來作客、用餐，也或許是坐在某人的腳邊。

幾年以前，就在我婆婆汪達過世的幾個星期之前，我坐在她的腳邊幫她剪腳指甲。我從來沒見過八十六歲的人是怎麼處理腳指甲的，在那之前也不曾坐在她的腳邊。她是一個熱愛工作、為人服務的人，在學校教過鋼琴，協助經營一座捕魚的海洋牧場，還養大了三個兒子。我們一起分享生命中的許多事，其實我們雙方是性格大不相同的人。那天坐在她腳邊服務她剪腳指甲的事，令我感到既心酸又自在。

珍妮跟她父親的關係很不穩固，最終也是透過原諒而得到療癒。儘管如此，她跟先生在海外的整個家族很疏離。珍妮跟先生到那個國家去旅行一個月，滿心希望、祈禱能跟先生的家族和好。從前有文化差異阻隔在他們中間，如今珍妮自己承認她的態度不禮貌，過於自我保護，有時候簡直是個「笨蛋」。

她向每個人道歉，說：「很抱歉我得罪了妳。在基督的國度裡，妳是我的姊妹，我們的永生是聯繫在一起的。現在就讓我們和好、享受這段關係吧！」整個家族都回應了她，現在大門、桌子、電話線路是全面暢通的。珍妮告訴我：「只要打開心胸去面對，就算是被破壞得最徹底的廢墟，也能開出美麗的花朵。」她和先生、兩個兒女都是音樂家，現在正在美國巡迴演出，宣揚和解的精神。

黛娜陷在痛苦和怨恨之中，在她看來，神是個憤怒、有報復心的父親，跟她的親生父親相差無幾。原諒父親讓她的怨恨消失無形，也讓她重新打開眼睛去認識神的真正面貌。黛娜告訴我：「當我開始感受到自由，自然而然就想跟別人分享這份自由，而神開啟了我擔任牧師的多重管道——寫作、演講、線上聯絡——祂運用我的過去以及祂給予的療癒，去鼓勵其他的人。」

蘿拉走了很長一段路才回到父親身邊。修補父女關係、原諒、也被原諒之後，她能夠單純去愛父親真實的樣子，包括他的缺點和一切。不只如此，她告訴我，愛人和被愛的自由原封不動地轉移到其他關係上，讓她放下對同事的尖銳不滿，更好的是，她跟所有男士之間的關係都得到改善了。「最重要的是，」蘿拉寫道：「這一點讓我可以單純地為父親高興，也為別人高興，不再想要去改變他們……從別人身上反射回來的快樂令我心滿意足。」

父親自殺之後，雪柔決定擁有一個不同的婚姻和家庭：她要家裡的門是敞開的，門內沒有秘密。她的四個兒女都把朋友帶回家，她把他們當成自己的朋友來招待，當成自己的孩子來養育。她的過去永遠不會消失，可是當下的生活力量讓她每一天都過得有目的，充滿了歡樂。

凱文能夠原諒他的父母，尤其是母親，從傷害和自憐自艾之中脫身出來。「我停止對自己感到難過，」他告訴我：「以前我總是想要弄清楚為什麼他們不愛我、不想養我，現在那個重擔已經消失，對我再也沒有影響力了，因為神用其他人取代了那一切，這些人是在乎我的。祂拿掉我心裡的束縛，讓我可以自由自在去關心不在乎我的父母。」

馮妮原諒了父母，這件事讓她自己徹底發生改變。「原諒讓我跟神更加親近，也讓我想要得到更多。它給了我真正的飢渴，讓我想去愛我身邊的人。」

原諒別人時，力量和美善也伴隨而來，可是我們知道自己無法做到完美的地步，任何人都沒有辦法，我們會一直被自己的限制束縛住。儘管我們的原諒做得不夠完美，那並不會否定或減損了原諒的價值、美好和正確性。米洛斯拉夫・沃弗在書裡寫道，凡是原諒的行動，無論是否臨時起意、做得不夠周全，無論是否純屬試驗、做得不夠深入，無論我們對別人缺點的審判是否有瑕疵，都呼應了神本人所給予的原諒。

沃弗表示，神的光芒將會照亮我們內心和生命中的所有黑色角落，這樣的日子不久就會到來，我們將認識到神的愛是如此完滿、如此真實，並且也認識、經驗到祂的原諒是如此完全，沒有半點遺漏。「凡是得罪我們的人，神都原諒了他們的罪，而我們則把神的原諒完滿的轉化為我們的原諒。現在我們的原諒雖然有瑕疵，不過終有一天它會展現出圓滿的光芒。現在我們原諒別人，期盼那一天的到來。」4

☘

我回想那一天，所有人聚在我父親護理之家的房間裡，包括我們五個兄弟姊妹，以及克拉克的三個青少年孩子。那個房間很小，只有一張床、一個衣櫃、一把椅子、一台電視機。我們像一幫烏合之眾，各自擠出容身的空間。我們全部轉身面向我父親，他坐在床邊，離我們只有幾呎之遠，身上穿著米色為底、綠色條紋的襯衫，以及我和蘿莉買給他的卡其色短褲。他的鬍子刮得乾乾淨淨，神智很清楚。

我眨了眨眼，心裡疑惑著。上一次我們全家相聚一堂，算來是十六年前的事了。許多年前，我父親拆散了家庭，如今我們圍繞著他，一家人重新聚首。我們來到這裡，每個人都盡己所能地祝福他，用沙啞的聲音結結巴巴地說出祝福，而那些祝福的話是我們在成長過程中不曾聽過的。我們知道他活不久了，便盡力對他付出自己擁有的東西——關愛、陪伴——希望自己做得足夠多。我哥哥史考特因為我父親而吃了很多苦頭，他承受的痛苦比我們當中的多數人都更大。他讓我父親看小鳥的照片，那是他在佛羅里達停留期間拍攝到的。每個週末，克拉克開車來看他，單程就要花上三小時的時間。昨天我們載他回到以前居住的海濱，那時他住在屬於他的小帆船上，長達十三年之久。之後，我們帶他出去吃冰淇淋。只要我們想得出來，都一一為他做到。

不過我們之中有一個人沒來。我姊姊珍無法請假飛來佛羅里達跟我們會合。在這樣的時刻，我們希望她可以跟我們在一起。蘿莉決定打手機給她。她按下電話號碼，等待珍接電話，我們所有人全注視著她。珍接起電話，蘿莉的眼睛亮了起來。

「嗨，珍，我是蘿莉。」她說：「我們全部都在這裡，在爸爸的房間陪他。妳要跟他說說話嗎？」蘿莉對著電話微笑，眼睛瞄向我們。她把電話拿給我父親，他遲疑地接了過去。

我們看著父親跟女兒講電話。過去二十年來，他跟珍只見過一次面，就像我們其他

4 Miroslav Volf, *Free of Charge: Giving and Forgiving in a World Stripped of Grace* (Grand Rapids: Zondervan, 2005), 220.

人和他相處的情形一樣。六個月之前，珍到佛羅里達來看他。當時我還不知道，原來早在兩年之前，珍就已經跟我父親聯絡上，而且常常找機會打電話給他。珍比我更早原諒我父親的缺陷，而且想用電話、問候和關懷去祝福他。他們的對話進行得慢條斯理，就像其他幾次一樣，可是這通電話有不同之處。我父親可以聽得到，不過他中風之後，說話說得很慢。

「嗨，珍。」他的聲音很溫和，沒有特別壓低嗓音，沒有堅持或拒絕的口吻。

我們聽到珍的聲音，可是聽不清楚她說些什麼。

「我現在很好。」他暫停了一下。

「聽到妳的聲音很好。」他說話時沒有看著我們，倒是我們全都目不轉睛地看著他。

我從來沒見過我父親跟任何一個孩子講手機。

我想起一年前，我和蘿莉來看他，給他看我們每個家人和居住地的照片。其實他並沒有問起我們的小孩或生活，不過我們想讓他知道我們的狀況，知道我們成為什麼樣的人。在我們探望他的那幾天，他從來沒有問起他的其他四個子女。

我看著房間環視一周，看著我的兄弟姊妹們，想到約瑟在宴會廳跟他的兄弟們見面，一家人重新聚首。那是多麼不像真實的事——簡直就是不可能！沒有人能辦到這樣的事，除了神之外。十個比他年長的哥哥們坐在他的下方，往昔的生活到此劃上句點。

他們從前過著什麼樣的生活，約瑟早在十六年前就一清二楚了。然而，他們的謀害意圖沒有全然摧毀約瑟的性命，而如今，約瑟也不願意讓那個意圖毀掉哥哥們的性命。他知道自己也有一部分的責任：以前的他應該受到譴責，是他自己愚笨不堪，哥哥們的怨恨不平其實是被他餵養出來的。可是，他對自己的驕傲早已心生懊悔。在那天還沒來臨之前，約瑟就很清楚，他會原諒他們、祝福他們，而不是咒罵他們。

我們的父親在許多重要的方面傷害了我們每個人，然而我們早已做出跟約瑟相同的決定：不去報復別人得罪我們的地方，而是要原諒，為別人祝福。

我聽得出來，珍試著把對話進行下去，不過她做得很吃力，就像我們所有人一樣。即使在我父親還沒變老之前，情況就已經是這樣。她要結束對話了，我聽到她說：「我愛你，爸爸。」

「我愛你，珍。」我父親回應她。瞬間，彷彿有一把刀刺穿了我，淚水湧了出來，我的心一陣刺痛！我睜大眼睛，把整個房間打量一遍。其他的每個人都聽見了嗎？他以前曾經說出「愛」這個字眼嗎？而且他還叫出她的名字！我知道那不過就是幾個字而已，或許只是順口說出來，不過那天他竟然說出了那個字，那個我們實踐在他面前的字。此後，我再也沒有聽過他說出「愛」這個字眼。

我已經學會伸出雙手、敞開胸懷去擁抱，但心裡不做任何期盼。然而，現在我心裡存著一筆又一筆全新的記憶：今天的這個字眼、我和父親一起落淚的那個下午、父親寫在我筆記本裡的句子、午餐時的匆匆一眼、上次我生日時他對我說出「生日快樂」。我希望從父親身上得到的東西不只是如此而已，不過我決定有這些就足夠了。

約瑟以奴隸之身進入埃及——不過，他在那裡找到了自由，而且把自由給予最沒有資格得到的人。在我爸爸的小房間裡，我感到無比的快樂，神讓我可以自由自在地去愛我生命中的這個人，儘管他是最不值得我愛的。

前人已經發現過的事，現在我也發現到了。選擇原諒無法讓人卸下所有負擔，無法讓人從此脫離依戀之情和責任義務，反而會帶來另一個包袱，不過那是個很值得的包袱。而且，我們永遠不會知道這個愛和原諒的包袱有多麼輕盈，這件帶著憐憫的長袍有多麼合身，除非我們走上前去，把它穿在自己的肩膀上。

到那個時候，我們將會感受到原諒的完滿力量。它的力量可以把我們扶起來，使我們變得強壯，走出束縛的土地，走向完滿、廣闊、大門敞開的國度。在那裡，我們張開雙手，擁抱所有的人。

吉兒博士的講解

啊，有一個被傷害過的生命……在那裡，空氣比較新鮮，我們的心比較輕盈，可以重新歡笑、唱歌、跳舞——倒不是好像從來沒遭遇過痛苦似地，而是我們知道自己的性格已經成熟了，我們變得比以前睿智，而且生命有了新的目的。

我們當然可以認同約瑟的處境。許多人被帶到根本不想去的地方，被迫去面對根本不想面對的情況。幸好，事情的背後總是有希望的，而且，在父母可能心懷惡意的地方，神會加以運用，轉惡為善，就像祂為約瑟所做的那般。而約瑟原諒了他的兄弟們。

約瑟原諒兄弟的經過不是立即發生的。在他身陷牢獄的歲月裡，他有充足的時間去想像，如果有一天他能夠再見到兄弟們，事情會怎麼樣？他過著心驚膽顫的日子，心裡充滿被最親密的人斷絕關係、背叛、拒絕的恐懼，而那些人原本是他注定要信任的人，是他的血肉之親啊！我能想像，他經歷到跟我們其他人一樣的情緒，包括本書所描述的每個人在內，都是如此。想像一下約瑟的感受，震驚、被拋棄、抗議、怨恨不平、孤獨、哀傷、絕望、無奈到五臟六腑糾結起來。童年遭到的背叛在他心中重演了無數回，這肯定是毫無疑問的，或許他還曾經跟神討價還價。在內心最黑暗的時刻，他也一定向神哭訴過，這是可以想見的。然後，他終究投降了——臣服在唯一可以拯救他的人面前。在陰暗的監牢裡，神和他碰面了。

見到兄弟的機會終於來臨，儘管約瑟心中百味雜陳，但是他沒有衝動地採取行動，而是保持安全距離，設下適當的界線。在重新向兄弟們表白心意之前，他以幾個月的時間來測試他們，以便確定他可能面臨到何種程度的危險。他們的心轉變了嗎？他們是**可信賴**的嗎？

我們的疑問應該是一致的。即使我們本身已經做好原諒的準備，但不能因為這樣，就假定傷害我們的人也做好和解的準備了。我們不必等到對方產生懊悔或懺悔，就可以做到原諒，這是當然的。然而，如果對方絲毫沒有懺悔的反應，雙方是無法和解的。有時候，我們達成某種程度的和解，在公開場合或私底下達成共識——好比是停戰協定一樣，雙方可以繼續走下去。然而，真正的和解必須是犯錯者對自己的過錯表現出慚愧的回應。他（她）可以**體會**你心裡的痛楚嗎？他（她）可以站在你的角度，看出他（她）對你造成的傷害嗎？他們對你所受的苦，是不是有發展出**同理心**了？

然而，要犯錯者做出前面所說的反應，我們自己也必須做到一件事情：說出事實。約瑟坦白說出事實，他並沒有假裝背叛從來不曾發生過，而是說出：「你們本來（蓄意）要害我。」他以毫不含糊的字眼，讓他的兄弟們知道，發生過的事情**就是**發生過，而且那件事情是不對的。然而接下來，他並沒有譴責犯錯的兄弟們，要他們付出代價，而是著眼於神的付出：「……但是上帝卻化惡為善。」

即使知道這一點——神能夠從邪惡之中帶出美善——我們依然會猶豫不決。由於別人在我們身上劃下的傷口太深，我們往往拒絕讓任何其他人近身一步。為了向前走，對於那些沒有傷害過我們的人，我們必須敢於冒險；在我們能夠正視內心最深處的傷口之前，我們必須讓神和其他人進來。

如果因為你的傷口太深，而無法允許任何其他人進來，那就試著冒個小風險，從某個地方開始做起，這一點很重要。要建立信任感，我們必須不斷暴露在輕微的風險之中。當別人證明他們是可信的，所冒的風險就可以再提高一些。如此一小步、一小步前進，我們就可以發展出能力，根據信任的程度重新排列結果，以對應的敏感方式去回應別人的輕微得罪或無意之間的冒犯，同時又能容忍人類的不完美。

無論得罪我們的人是不是願意進入療癒的歷程，我們都必須向前走，有他們加入也好，沒有也無妨。我們所做的事情是追隨神對原諒的召喚，因為我們知道這是正確的事，而且那將會把美善帶給我們——對於我們之外的整個世界而言，這同樣也是正確而良善的。

療癒功課

1. 你有沒有覺得自己像約瑟？他的經歷和故事給了我們許多教導，他讓我們明白：心痛和悲劇之後的生命是怎麼回事？原諒的力量又有多大？在約瑟的生命旅程之中，哪一部分讓你心有戚戚焉？
2. 讀一讀這一段經文：「你們本來想害我，但是神卻化惡為善，為的是要保存許多人的性命；由於從前所發生的事，今天才有這許多人活著。」再想想你自己的家庭狀況。你能不能看得出來，在你的生命中，神更偉大的「善」遠遠勝過人類的「惡」嗎？
3. 比較一下約拿和約瑟兩人的態度和反應。你注意到他們兩人之間有什麼差別嗎？在哪些時候、哪些方面，你的態度和反應跟約拿或約瑟很相似呢？
4. 約瑟被迫跟家人分開、疏遠了許多年，在那段期間，困境使他磨練出什麼樣的人格品行來？神所安排的時間對他起了什麼作用，讓他做好準備，把原諒擴大到傷害他的人身上？
5. 你有沒有想像過你跟家人能獲得療癒、重新聚首，就像約瑟跟他的家人團圓一樣？萬一你的家人（尤其是你的父親或母親）沒有看出自己的責任，你會怎麼做？

如果你得到的後果跟約瑟不一樣，你還願意考慮擴大原諒的可能性嗎？對你而言，事情可能會是怎麼樣？

6. 說說看，原諒跟和解有什麼差別呢？就你的特殊情況而言，要同時達成原諒與和解，先決的條件是什麼？原諒、和解，哪一個會先發生呢？

7. 約瑟原諒他的兄弟時，並沒有立即對他們產生信任。關於破裂的關係要重新建立信任感，你從約瑟的例子裡學到了什麼嗎？你跟父母的關係破裂之後，為了重拾信任別人的能力，你願意冒何種等級的風險呢？

8. 本書的每一章說明了原諒歷程的不同層面，以下是每一章的重點摘要。試著跟隨摘要的內容，說說你自己跟每一個連續階段的關連，說說你的原諒歷程走到哪一個階段了？

- 逃跑、迴避、躲藏起來，不肯面對事實。你的故事內容是什麼？有什麼東西絆住了你，讓你沒辦法去做該做的事？
- 坦白承認，向另一個人說出令你傷心的實情和世代的罪。
- 從得罪你的人身上看出人性；認清自己的缺點；發展憐憫之情。
- 給自己時間，讓自己探觸內心的傷痛、怨恨，以及對不公不義的抗辯；當痛苦、忿忿不平、不肯原諒的想法已經根深柢固時，好好評估一番。

- 事情由你的心來決定。當神原諒了你，你也能選擇去原諒別人嗎？
- 要榮耀的對象是「人」的本身，而非那些不像樣的行為；選擇去榮耀別人，方法是是展現出有榮耀的行為。
- 克服失落和悲傷，原諒別人；發展寬容的心，讓自己成為神留在人間的一部分遺產。
- 善加記憶，以便解脫束縛、挽救從前。
- 延伸原諒的層面；抱持和解的開放心胸；建立健康的界線；學習信任別人；奉基督的名，為了你自己、為了別人，也為了神的國度，選擇更高層次的召喚。

9. 根據你個人的上述清單，特別說說看你在哪些方面有進展了？在哪些方面還需要多加努力？找一個信得過的朋友，跟他或她分享你的成功，請他或她支持你繼續把原諒的旅途走完。

10. 在你的原諒旅途上，下一步該怎麼走，對你才是正確的？

謝辭

我住在一座遙遠的島上，似乎大可宣稱自己過著孤獨、與世隔絕的生活，然而，若不是其他人的協助，我不可能開始動筆，也無法完成這本書。

我的代理人格雷·強森（Greg Johnson）是個孜孜不倦的人，無時無刻不為這本書提供支援。格雷，你真是一座寶庫，永遠慷慨地把知識和援助分享給我。

米格·波特（Meaghan Porter）是這個計畫的優秀帶領人，身為編輯的她，擁有完美的千里眼和順風耳。

湯瑪士·尼爾森（Thomas Nelson）出版社的美術部門以破紀錄的速度，創造出非常出色的封面。真令我印象深刻！

位在艾斯康迪多市（Escondido）的以馬內利信仰教會（Emmanuel Faith Church），他們的工作人員和教友都很美好，他們基於信仰，邀請我就一本還沒完成的書進行演講。跟你們在一起的時間，我感到非常充實，再一次確認了神對這本書的選擇和時間安排。

最後，我要向許許多多願意跟我分享艱辛人生故事的朋友們致上謝意。他們有些人跟我相識幾十年之久，很多則是碰巧有機會交談的新朋友。若不是有你們，我無法闡明原諒背後的傷心和冒險，以及原諒之後的自由自在。

願我們所有人都相信，並且奉行「七十個七次」的原諒。

蕾斯莉・里蘭・費茲

許多人發現原諒是一座艱困難爬的雄山峻嶺，不過當他們聽到召喚之後，仍然願意冒險上路。我要向這些人致上敬意！他們在磕磕絆絆的路途上，一次只爬一步，跨越令人疼痛、甚至是危機四伏的山脊，奮力向上，只為了尋找自由、希望的高峰，尋找比較美好的人生。

你所做的嘗試猶如閃爍之光，呼應了上主的召喚，散發出身為神之子民的榮耀。在神的道路上，無論你發覺自己處於哪一個點，這本書都很適合你。

感謝「話字服務文學集團」（Word Serve Literary Group）的格雷・強森，他邀請我加入本書的寫作行列，預見我們的寫作二重奏可以搭配得很好。我非常感謝我們的編輯團隊，他們實在當之無愧，因為他們鉅細靡遺地閱讀每一個字，使我們要傳達的訊息趨於完善。湯瑪士・尼爾森出版社美術部門的所有人員協助把書稿轉換成一本書，送交到讀者手上，讓書中人物的生命變得觸手可及。感謝你們所做的一切！

我自己的原諒之路走得很坎坷，我由衷感激貼身陪伴我走過這段旅程的所有人。在這個計畫進行期間，有時候我沒有動筆把文字落實到紙上，而是傳遞出屬實的訊息。對於在這段期間反覆關注「原諒」主題的人們，我要特別向你們致上謝意。

最後，也是最重要的一點，我要感謝蕾斯莉．里蘭．費茲，她願意把私密的故事、優美的寫作分享給我，並且允許我在她的文字後面添上幾筆。感謝許多人歷經無數的阻礙，陪著這個計畫走完全程——這個計畫所傳遞的訊息值回一切的辛勞。

吉兒．哈伯德

國家圖書館出版品預行編目資料

走出受傷的童年：別再等待父母認錯，主動停止世代循環的傷害/蕾斯莉・里蘭・費茲 (Leslie Leyland Fields),吉兒・哈伯德 (Jill Hubbard)著;歐陽羽譯. --二版. --臺北市:啓示出版：英屬蓋曼群島商家庭傳媒股份有限公司城邦分公司發行, 2021.10
面； 公分. --(Talent系列; 31)
譯自：Forgiving Our Fathers and Mothers : Finding Freedom from Hurt and Hate

ISBN 978-986-06832-4-0 (平裝)

1.基督徒 2.寬恕 3.父母

244.99 110015413

Talent系列031

走出受傷的童年：別再等待父母認錯，主動停止世代循環的傷害

作　　者／蕾斯莉・里蘭・費茲（Leslie Leyland Fields）、吉兒・哈伯德（Jill Hubbard）
譯　　者／歐陽羽
企畫選書人／彭之琬、李詠璇
總 編 輯／彭之琬
責任編輯／李詠璇

版　　權／黃淑敏、江欣瑜
行銷業務／周佑潔、黃崇華、華華、賴正祐
總 經 理／彭之琬
事業群總經理／黃淑貞
發 行 人／何飛鵬
法律顧問／元禾法律事務所王子文律師
出　　版／啓示出版
臺北市104民生東路二段141號9樓
電話：(02) 25007008傳眞：(02)25007759
E-mail:bwp.service@cite.com.tw
發　　行／英屬蓋曼群島商家庭傳媒股份有限公司城邦分公司
台北市中山區民生東路二段141號2樓
書虫客服服務專線：02-25007718；25007719
服務時間：週一至週五上午09:30-12:00；下午13:30-17:00
24小時傳眞專線：02-25001990；25001991
劃撥帳號：19863813；戶名：書虫股份有限公司
讀者服務信箱：service@readingclub.com.tw
城邦讀書花園：www.cite.com.tw
香港發行所／城邦（香港）出版集團
香港灣仔駱克道193號東超商業中心1F E-mail: hkcite@biznetvigator.com
電話：(852) 25086231傳眞：(852) 25789337
馬新發行所／城邦（馬新）出版集團【Cite (M) Sdn Bhd】
41, Jalan Radin Anum, Bandar Baru Sri Petaling, 57000 Kuala Lumpur, Malaysia.
電話：(603) 90578822傳眞：(603) 90576622
Email: cite@cite.com.my

封面設計／徐璽設計工作室
排　　版／極翔企業有限公司
印　　刷／韋懋實業有限公司

■2015年6月4日初版
■2021年10月7日二版
定價360元

Printed in Taiwan